Este libro
pertenece a

_____

. . . quien se deleita en
la sabiduría de Dios

Sabiduría de Dios para la vida de la Mujer

Principios eternos para cada una de tus necesidades

ELIZABETH GEORGE

EDITORIAL
PORTAVOZ

La misión de *Editorial Portavoz* consiste en proporcionar productos de calidad —con integridad y excelencia—, desde una perspectiva bíblica y confiable, que animen a las personas a conocer y servir a Jesucristo.

Reconocimiento

Como siempre, agradezco a mi amado esposo,
Jim George, por su ayuda, dirección, sugerencias y
amoroso aliento en este proyecto.

Título del original: *God's Wisdom for a Woman's Life,* © 2003 por Elizabeth George y publicado por Harvest House Publishers, Eugene, Oregon 97402.

Edición en castellano: *Sabiduría de Dios para la vida de la mujer,* © 2003 por Elizabeth George y publicado por Editorial Portavoz, filial de Kregel Publications, Grand Rapids, Michigan 49501. Todos los derechos reservados.

Traducción: Nohra María Bernal de Rodríguez

EDITORIAL PORTAVOZ
2450 Oak Industrial Drive NE
Grand Rapids, Michigan 49505 USA

Visítenos en: www.portavoz.com

ISBN 978-0-8254-5606-0

2 3 4 5 edición / año 18 17 16

Impreso en los Estados Unidos de América
Printed in the United States of America

Contenido

En pos de un corazón sabio

Como mujer de Dios sé muy bien que tu vida y la mía son complicadas y exigentes. Tienes múltiples facetas y una lista extensa de responsabilidades, y te corresponde cumplir con cada uno de los papeles que Dios te ha designado. Además, se espera que veles por tu crecimiento espiritual, que seas una experta en el manejo del tiempo, que cuides tu apariencia, que vigiles tu alimentación, que seas muy disciplinada, que realices cada cosa con diligencia… ¡y que mantengas tus prioridades en su lugar!

¿Qué puede hacer entonces una mujer? En el presente libro acerca de la *Sabiduría de Dios para la vida de la mujer* veremos principios y ejercicios prácticos para enfrentar con acierto cada uno de estos retos. A medida que avanzamos en nuestro recorrido por los principios eternos de Dios para las diversas necesidades, encontrarás:

- Consejos para perfeccionar tu vida un día a la vez.
- Recomendaciones para establecer nuevas prioridades.
- Un programa detallado de acción para alcanzar una vida mejor.
- Pequeños ajustes para poner en orden tu vida,
- Herramientas para edificar la vida que anhelas, la cual se destaca por la sabiduría.

Esto es solo una muestra de las joyas que encontrarás a lo largo del viaje que estamos a punto de emprender en este libro, un viaje en el cual obtendrás un conocimiento práctico de la sabiduría bíblica. Por el camino también extraeremos principios eternos de Proverbios, el libro de sabiduría de la Biblia. Como puedes ver, buscaremos la sabiduría para ti como mujer en una sola fuente: la Biblia. Esta afirma:

> Porque *Jehová* da la sabiduría, y de *su* boca viene el
> conocimiento y la inteligencia
> *(Pr. 2:6, cursivas añadidas)*

Amada amiga que andas en pos de la sabiduría, debes saber que la sabiduría es gratuita. Está a nuestra disposición. Y lista para ser tomada. Además, la sabiduría nos busca con empeño... si tan solo atendemos a su llamado (Pr. 1:20-23). Acompáñame en este viaje para alcanzar una vida sabia. Descubramos juntas la sabiduría de Dios para cada una de nuestras necesidades.

Sabiduría de Dios para… tu vida

Sabiduría es saber vivir.[1]
Sabiduría es el uso apropiado del conocimiento.[2]
Sabiduría es hacer lo debido.
Sabiduría es la capacidad de juzgar con perspicacia.
Sabiduría es la habilidad de ver la vida como Dios la ve.[3]
Sabiduría es la inteligencia dada por Dios para mirar la
vida con una objetividad única y para manejarla con una
firmeza extraordinaria.[4]

Necesito ayuda con...
la Sabiduría

No sé si a ti te sucede lo mismo, ¡pero a mí me parece que cada segundo debo tomar una decisión! Algunas veces siento que las exigencias de la vida me bombardean por todas partes. Y cada una demanda algo de mi parte, bien sea una palabra, una respuesta, una opinión, una acción, o una decisión. Tengo que decidir lo que debo pensar o ignorar, lo que debo decir o callar, lo que debo pedir o abandonar, en lo que debo trabajar o esperar. Más aún, debo decidir lo que debo comprar o dejar, si debo moverme o detenerme, pararme o sentarme. En pocas palabras, ¡lo que necesito cada vez que respiro es sabiduría!

Entonces... ¿cómo se obtiene la sabiduría? Estudiaremos la vida de un hombre del Antiguo Testamento que adquirió sabiduría, a fin de conocer los pasos a seguir para lograrlo.

La sabiduría de Salomón

Hace muchísimo tiempo, cerca de 3.000 años, Israel coronó a un nuevo rey llamado Salomón. Se trataba del hijo de David, quien fue un rey extraordinario. Acababa de ser nombrado rey, y en cierto modo era joven (1 R. 3:7). Había pasado toda su vida bajo la sombra de su padre y no cabe duda que era muy inexperto. Al sentir el peso de su nueva responsabilidad que lo llevó a

11

estremecerse y vacilar, Salomón hizo algo que tú y yo debemos imitar. Tomó el primer paso hacia la sabiduría. Se humilló ante Dios en oración y *pidió* sabiduría. Estoy segura de que has escuchado aquella frase de cuento que dice: "Pide lo que quieras y te será concedido". Bueno, esto es en principio lo que le sucedió a Salomón. El Señor se apareció a Salomón en sueños y le dijo: "Pide lo que quieras que yo te dé" (1 R. 3:5). (¿Qué pedirías tú, amada lectora?) Salomón nos da un ejemplo de lo que debemos pedir. Él respondió: "Da, pues, a tu siervo corazón entendido para juzgar a tu pueblo, y para discernir entre lo bueno y lo malo; porque ¿quién podrá gobernar este tu pueblo tan grande?" (v. 9).

¿Y cuál fue el resultado? La petición de Salomón para adquirir sabiduría e inteligencia agradó al Señor. Entonces Dios le dijo: "Porque has demandado esto, y no pediste para ti muchos días, ni pediste para ti riquezas, ni pediste la vida de tus enemigos, sino que demandaste para ti inteligencia para oír juicio, he aquí lo he hecho conforme a tus palabras; he aquí que te he dado corazón sabio y entendido, tanto que no ha habido antes de ti otro como tú, ni después de ti se levantará otro como tú" (vv. 11-12).

A lo cual Dios añadió: "Y aun también te he dado las cosas que no pediste, riquezas y gloria, de tal manera que entre los reyes ninguno haya como tú en todos tus días" (v. 13).

Y de paso, Salomón se convirtió en el hombre mas sabio que ha existido (aparte de Jesucristo, por supuesto). Se dice que compuso 3.000 proverbios (1 R. 4:32). En el libro de Proverbios podemos leer lo mejor de ellos. Salomón era en verdad admirable. ¿Por qué? Porque Dios lo bendijo y "dio a Salomón sabiduría y prudencia muy grandes" (1 R. 4:29).

Pasos hacia la sabiduría

¿Qué mujer no desearía ser sabia o ser reconocida como una mujer sabia? (Y ¿qué mujer no necesita sabiduría?). Yo sé que la necesito, y creo que tú también. Si examinamos Proverbios encontraremos los pasos firmes que debemos seguir para adquirir mayor sabiduría.

Paso 1: Debemos desear la sabiduría. Vayamos un poco más allá para decir que debemos desearla más que cualquier otra cosa. Este es el primer paso que dio Salomón para alcanzar sabiduría. Él deseaba la sabiduría. Y la deseaba por encima de cualquier otra cosa que su corazón pudiera desear. ¿Qué desea tu corazón? ¿Deseas una larga vida, riquezas y victoria sobre tus enemigos (1 R. 3:11), o deseas sabiduría? Examina tu corazón. Salomón nos instruye al respecto: "Bienaventurado el hombre [o la mujer] que halla la sabiduría, y que obtiene la inteligencia; porque su ganancia es mejor que la ganancia de la plata, y sus frutos más que el oro fino" (Pr. 3:13–14).

Paso 2: Debemos orar por sabiduría. Aquí también Salomón nos muestra el camino hacia la sabiduría. ¡Oró por ella! Reconoció que la necesitaba y la pidió a Dios. No pidió un buen matrimonio, ni hijos obedientes, ni dinero para pagar las cuentas. No. Él oró: "Dame ahora sabiduría y ciencia" (2 Cr. 1:10).

Amada amiga, si tú y yo aprendemos a orar por sabiduría y conocimiento, ¡entonces contaremos con lo necesario para tener un buen matrimonio, hijos obedientes y dinero para pagar las cuentas! ¡La sabiduría abarca todo esto y más! ¿Qué pides tú en oración? No está mal orar por tu matrimonio, tu familia o tus finanzas. No obstante, asegúrate de orar ante todo por la única cosa que vale para todas las demás en tu vida. Examina tus oraciones. Uno de mis pasajes favoritos acerca de la sabiduría (escrito por... ¿quién más sino Salomón?) nos anima con estas palabras: "Si clamares a la inteligencia, y a la prudencia dieres tu voz" (Pr. 2:3). Como un eco de estas palabras, Santiago escribió cerca de mil años más tarde: "Si alguno de vosotros tiene falta de sabiduría, pídala a Dios... y le será dada" (Stg. 1:5). ¡Así que pide, amada amiga! ¡Solo pide!

Paso 3: Debemos buscar la sabiduría. Los versículos siguientes de Proverbios 2 nos enseñan este paso vital: "Si como a la plata la buscares, y la escudriñares como a tesoros, entonces entenderás el temor de Jehová, y hallarás el conocimiento de Dios" (Pr. 2:4–5). Al comenzar mi estudio del libro de Proverbios, recuerdo la profunda impresión que causó en mi el trabajo que realiza un minero para la extracción de piedras preciosas, de plata y de oro. ¡Es una tarea que requiere esfuerzo extremo, sudor y lágrimas! ¿Por qué? Porque dichos tesoros no se encuentran a la vista del transeúnte casual. Nadie que se pasee por la vida (¡o por la vida cristiana!) descubrirá estas riquezas por casualidad. ¡No! Están ocultas. Están fuera del alcance de nuestros ojos… enterradas en lo profundo, a la espera de ser descubiertas. Y solo una voluntad diligente, ferviente y resuelta se dedicará a la ardua labor que exige extraerlas.

En este mismo pasaje de Proverbios 2, que es clave en el tema de la sabiduría, Salomón nos revela con toda claridad la fuente de la sabiduría. Dice: "Porque Jehová da la sabiduría, y de su boca viene el conocimiento y la inteligencia" (v. 6). Esta es la pista más importante para encontrar la tan anhelada sabiduría, ¡y está en la Biblia!

¿Con cuánta diligencia y empeño buscas el tesoro de la sabiduría? ¿Qué tanto escudriñas la Biblia? ¿Estudias las Escrituras a diario (Hch. 17:11)? ¿Tus metas personales van orientadas al logro de la tarea divina de buscar la sabiduría?

Paso 4: Debemos crecer en sabiduría. Es indiscutible que Salomón nos dejó un gran ejemplo como alguien que deseó, pidió y buscó la sabiduría. Sin embargo, vemos con tristeza que dejó un mal ejemplo en cuanto al siguiente paso vital, pues no creció en sabiduría. En sus primeros años Salomón reconoció su necesidad de sabiduría, la buscó y logró impresionar a la nación con su inteligencia (1 R. 3:16–28). Sin embargo, después se casó con muchas extranjeras que lo inclinaron a la idolatría, y su deseo por la sabiduría, así como su obediencia a los principios eternos de Dios, se desvanecieron. Al final Salomón no obedeció más a Dios, no creció en sabiduría y desapareció de las Escrituras de forma inadvertida. Poco se sabe acerca de la última década del reinado que ejerció Salomón sobre el pueblo de Dios. Es lamentable que hasta el día de hoy se le conoce no solo por la sabiduría que Dios le dio, sino como al hombre que tuvo 700 esposas y 300 concubinas (1 R. 11:3). ¡Qué epitafio!

Hasta ahora solo hemos estudiado la sabiduría a través de la vida de Salomón, pero ahora quiero presentarte a una mujer cuya vida refleja la belleza (¡y los beneficios!) de la sabiduría divina. A diferencia del rey Salomón, ella no ocupaba un cargo de liderazgo ni ostentaba algún título de prestigio. En cambio, era esposa y ama de casa, una mujer como tú o como yo. ¡Y una mujer que poseía en verdad una gran medida de sabiduría!

Conoce a Abigail

Abigail era una mujer de aquellas que deben tomar una decisión cada segundo. Estaba casada con un hombre tirano y alcohólico llamado Nabal (que significa "necio"), entonces podrás imaginar lo difícil que era su vida. Con todo, fue elogiada como una mujer sabia que llevó una vida íntegra, rebosante en acciones y palabras sabias. Su acto más admirable de sabiduría consistió en evitar un derramamiento de sangre por causa de su esposo necio y del guerrero David que venía con sus 400 hombres para ejecutar venganza (1 S. 25). Abigail percibió el momento apropiado para actuar… y lo aprovechó. Supo lo que tenía que hacer… y lo hizo. Se percató de lo que debía decir… y lo dijo. ¿En qué consistía la sabiduría de nuestra amada Abigail? Ella…

Comprendió la situación en su conjunto.
Conservó la calma.

> Diseñó un plan.
> Habló con sabiduría.
> Influyó de modo eficaz en la vida de otros.
>
> La vida de Abigail nos enseña que cada reto o responsabilidad puede manejarse con justicia cuando se enfrentan conforme a la sabiduría divina.

Solo por hoy...

Bueno, ¿y ahora qué? ¿Deseas tener una vida estropeada por la insensatez... o más bien una vida marcada por la sabiduría? Creo que ya sé la respuesta. Entonces veamos los hábitos que podemos cultivar solo por hoy para convertirnos cada día en mujeres de Dios sabias.

❏ Solo por hoy... lee el capítulo del libro de Proverbios que corresponde a la fecha del día. Escoge el versículo que más haya hablado a tu corazón y a tu vida. Ahora escríbelo en una pequeña tarjeta. Llévala contigo todo el día. Pégala cerca del fregadero mientras estés en la cocina. Ponla a la vista en el baño mientras te lavas la cara o los dientes, o te maquillas y peinas. Llévala en tu bolso y sácala cada vez que esperes el cambio del semáforo en rojo. Que tu meta sea apropiarte de la sabiduría contenida en ese versículo. Y hazte también esta pregunta: ¿la sabiduría de Dios es más valiosa para mí que el oro o la plata?

❏ Solo por mañana... continúa con el ejercicio anterior. De hecho, practícalo toda tu vida. Busca los tesoros de la sabiduría de Dios mediante la lectura de un capítulo diario hasta que te encuentres con Él cara a cara. ¡Imagina la sabiduría que obtendrás! Las cosas grandes se logran mediante esfuerzos mínimos que se toman a diario. Además, piensa en alguna decisión que debas tomar o en algún problema que debas resolver. Presta atención a la sabiduría de Proverbios 15:22 que nos enseña: "Los pensamientos son frustrados donde no hay consejo; mas en la multitud de consejeros se afirman".

❏ Solo por esta semana… compra o pide prestado a la librería de tu iglesia un comentario acerca del libro de Proverbios. Luego, a medida que avanzas en tu lectura diaria, deja que el conocimiento y el estudio del autor iluminen tu entendimiento sobre la sabiduría de Dios. Esta es una manera sencilla y práctica de buscar la sabiduría.

En pos de un corazón sabio

A lo largo de este libro sobre la *Sabiduría de Dios para la vida de la mujer* iremos en pos de la sabiduría que corresponde a cada necesidad. Vamos a buscar lo que la Biblia, que es el libro de la sabiduría, enseña sobre diversos temas prácticos que tú y yo encaramos como mujeres. También examinaremos el breve pero práctico libro de Proverbios, pues dentro de la Biblia es el libro de sabiduría por excelencia.

No obstante, tras haber terminado este libro, deberás seguir en tu búsqueda de la sabiduría. ¿Por qué? Porque nadie más sino Jesucristo, el Hijo de Dios y Dios encarnado, nació siendo sabio. Cada persona debe desear la sabiduría, pedirla en oración, buscarla y crecer en ella. Espero que crezcas en sabiduría hasta el día en que te encuentres con Él.

¿Qué puedes hacer en este preciso momento? Abre tu corazón y escucha estas palabras sabias: "El hombre que es en verdad sabio es quien reconoce que es un necio sin Cristo (Ro. 1:22)… mientras un hombre rechace a Cristo será un necio. El hombre más sabio es el que, despojándose de sí mismo, se postra ante el Señor"[5].

¿Ya te postraste ante el Señor?

Más sabiduría sobre…
la sabiduría

El temor de Jehová es el principio de la sabiduría, y el
conocimiento del Santísimo es la inteligencia.
Proverbios 9:10

Compra la verdad, y no la vendas; la sabiduría, la
enseñanza y la inteligencia.
Proverbios 23:23

Enséñanos de tal modo a contar nuestros días, que
traigamos al corazón sabiduría.
Salmo 90:12

Yo… no ceso de… [hacer] memoria de vosotros en mis
oraciones, para que el Dios de nuestro Señor Jesucristo, el
Padre de gloria, os dé espíritu de sabiduría y de revelación
en el conocimiento de él.
Efesios 1:15–17

Y si alguno de vosotros tiene falta de sabiduría,
pídala a Dios, el cual da a todos abundantemente
y sin reproche, y le será dada.
Santiago 1:5

*H*ijo mío, no se aparten estas cosas de tus ojos;
guarda la ley y el consejo, y serán vida a tu alma,
y gracia a tu cuello.
Proverbios 3:21–22

*S*i damos prioridad a lo primero, lo segundo vendrá a su
tiempo. Si damos prioridad a lo segundo, perderemos
tanto lo primero como lo segundo.[1]

*M*ientras más busques un corazón sabio al centrarte en
las prioridades de Dios para ti y en ponerlas en práctica,
más vivirás conforme a ellas. Entonces tu vida brillará
por la sabiduría de Dios.
—*Elizabeth George*

Necesito ayuda con…
mis *Prioridades*

*¡U*na imagen vale más que mil palabras! La imagen de la mujer virtuosa por excelencia que Dios describe en Proverbios 31:10–31 me ha servido como modelo en lo concerniente a sus prioridades. Estoy muy agradecida por haber encontrado a esta mujer en la Biblia hace unos 30 años. Su vida tan ordenada pero llena de ocupaciones es como un guía "viviente" para nosotras en la actualidad y para tantas mujeres durante siglos, en la medida en que caminemos a su lado. De hecho, aun hoy día, cada vez que leo estos 22 versículos que describen los detalles de su vida cotidiana, hay tres cosas que suceden: mi fortaleza se renueva para seguir adelante, hago memoria de las prioridades de Dios para mi vida, y experimento una nueva consagración a su plan para mí aquí en la tierra. Aprender de esta mujer me llena tanto de vitalidad, que he memorizado estos versículos para llevar por doquier su sabiduría eterna en mi corazón. De esa manera puedo acudir a su consejo en cualquier momento, lugar y situación.

Sin embargo, al contemplar la admirable vida de esta mujer de la Biblia, muchas nos preguntamos con frecuencia: "¿Cómo pudo hacer todo eso? ¡Pareciera que esta mujer estuviera en *todas* partes y en *todo* momento, atendiendo a *todo* el mundo y vigilando *cada* detalle! ¿Cuál era su secreto?".

Gracias al Señor, la mujer de Proverbios 31 no era la mujer maravilla ni una heroína inalcanzable. Antes bien, era una mujer

21

como tú o como yo. Lo que en realidad la hace diferente y única es que ella conocía sus prioridades y las ponía en práctica. Y eso, mi amada amiga, es una señal de sabiduría. Muchas mujeres desconocen sus prioridades y por esa razón corren hacia todas las direcciones al mismo tiempo o hacia ninguna dirección precisa. Otras mujeres conocen sus prioridades pero no las ponen en práctica, y es así como terminan en una vida llena de culpa y frustración. Por su parte, la mujer sabia logra las dos cosas. ¡Y *eso es* lo que queremos! Entonces…

¿Qué podemos aprender de esta mujer virtuosa, así como de otras que encontramos en la Biblia, acerca de las prioridades de una mujer sabia? ¿En qué debemos invertir nuestro tiempo, nuestra energía y nuestra devoción? Vamos a la fuente, que es la Palabra de Dios, para buscar las respuestas.

Poner a Dios en el primer lugar

La prioridad suprema debe ser Dios, y es así como avanzamos en la dirección correcta. Nuestro amor a Dios y nuestra devoción hacia Él deben ser plenos y sin restricciones. La mujer de Proverbios 31 fue alabada y exaltada por Dios y por los demás. ¿Por qué? Porque es una mujer "que teme a Jehová" (Pr. 31:30). Y, según Proverbios 9:10 "el temor de Jehová es el principio de la sabiduría, y el conocimiento del Santísimo es la inteligencia". Nuestro Señor Jesucristo lo expresó de esta forma: "Amarás al Señor tu Dios con todo tu corazón, y con toda tu alma, y con toda tu mente y con todas tus fuerzas. Este es el principal mandamiento" (Mr. 12:30).

¿Qué significa en sí poner a Dios en el primer lugar de nuestra vida? Creo que esto significa tomar una decisión práctica cada día: leer un pasaje de la Palabra de Dios. Dios es la fuente de toda sabiduría. Él posee toda la sabiduría que pueda existir. Y la ha revelado en su Palabra, la Biblia. El salmista expresó esta verdad al decir que la ley del Señor hace sabio al sencillo (Sal. 19:7). Si en verdad queremos tener un corazón sabio, es nuestro deber buscar la sabiduría de Dios mediante la lectura de la Biblia.

Lo que yo hago para mantener mi máxima prioridad en su lugar es tratar de leer a diario la Biblia temprano en la mañana, y perseverar en ello. Más aún, me he propuesto cumplir con esta tarea antes de hacer cualquier otra cosa en el día. De ese modo logro poner en primer lugar lo primero. Mi razonamiento es el siguiente: *si quiero que Dios sea el primero en mi vida, entonces debo darle el primer lugar en mi vida hoy.* Si tú y yo tomamos tan solo esa decisión (y perseveramos en ella), se cumple en nosotras esta verdad: "Si damos prioridad a lo primero, lo segundo vendrá a su tiempo. Si damos prioridad a lo segundo, perderemos tanto lo primero como lo segundo".[2]

Si quieres seguir los pasos hacia la sabiduría divina, haz lo siguiente: antes de que el día comience (¡o antes de que se salga de las manos!), y antes de que los demás se pongan en marcha en la casa, escoge un lugar agradable de recogimiento y lee tu Biblia. Llena tu mente con la mente de Dios. Esta simple costumbre de empezar el día con Dios encamina cada día hacia el logro de la sabiduría.

Servir a otros

Después del anterior mandamiento que debemos obedecer respecto a nuestro amor por Dios, Jesús dijo: "Y el segundo es semejante: Amarás a tu prójimo como a ti mismo" (Mr. 12:31).

Dios primero, los otros después. Este es el orden de prioridades que vemos en la vida de la mujer de Proverbios 31. En su vida, "los otros" eran su esposo, sus hijos, sus siervas, sus compañeros de trabajo, y las personas de su comunidad. Y estas personas recibían el amor por Dios derramado de su corazón. Cada día, después de buscar primero al Señor y recibir de Él, esta magnífica mujer extendía sus ojos, sus manos y su corazón llenos de amor hacia los demás. Así, el amor de Dios alcanzaba a su familia y a todos los que la rodeaban. Esta dama pasaba su vida en el servicio a otros. Esa es la razón por la cual recibía la alabanza de Dios, de su esposo, de sus hijos, y de la comunidad. ¡Y aún "sus hechos", el fruto de sus manos la alababan! (Pr. 31:28–31).

Conocer el orden de Dios respecto a las prioridades. El hábito de darle a Dios el primer lugar y a los otros el segundo me ha permitido planear cada día. He logrado entender que debo hacer todas las cosas *en Él, por medio de Él, para Él* y *hacia Él,* a fin de que cada actividad de mi vida cotidiana se centre en Él. Cada día diseño un plan detallado de la manera como voy a bendecir y servir a mi esposo, a mis dos hijas y sus esposos, y a mis cinco nietos. Mi plan incluye luego a mis amigos y vecinos, a mi familia en la iglesia y a las mujeres a quienes sirvo. Poner en práctica el principio de "Dios primero y los otros después", es una manera sencilla de vivir la voluntad de Dios para mi vida. ¡Y luego el servicio a otros fluye en abundancia!

Poner en práctica las prioridades de Dios mediante un plan. ¿Por qué no tener a mano nuestra agenda? Mira tu agenda para el día de mañana. ¿Ya incluiste en el plan del día tu tiempo primero con Dios? Si no es así, toma un bolígrafo indeleble y anótalo en tu agenda como lo primero en tu lista de actividades. Cada vez que medito en esta acción prioritaria, resuenan en mi corazón las palabras de Jesús: "Separados de mí nada podéis hacer" (Jn. 15:5).

Ahora que has puesto en el primer lugar lo primero, revisa si las demás actividades del día incluyen a tus seres queridos. Ante todo, anota sus nombres. Luego piensa *qué* quieres hacer por cada uno de ellos y *cuándo* lo harás. Haz las anotaciones necesarias. Completa en seguida tu plan con las múltiples actividades que colman los días maravillosos, variados y espléndidos de tu vida. Y a propósito, ¡qué maravillosa recompensa recibirás al final de un día que hayas invertido de esta manera! Es evidente que terminarás cansada. Cuenta con eso. Y alégrate aun en eso. Te sentirás satisfecha de haberlo vivido con sabiduría, aunque sea un solo día. Y será así porque lo viviste de acuerdo con las dos prioridades supremas de Dios.

Un breve repaso. Solo quiero añadir una palabra más con referencia a las dos prioridades que acabamos de estudiar (Dios y los demás), antes de seguir adelante con el área del yo. Es importante darse cuenta de lo que significa poner a Dios en el primer lugar. Por otro lado, no quiero que pases por alto otros cambios que conlleva este orden en nuestra vida diaria, como por ejemplo:

Eliminar actividades innecesarias. No solo debemos poner a Dios antes que cualquier otra persona, sino también a los otros antes que un sinnúmero de actividades que roban nuestro tiempo. Estas actividades pueden alejar a una mujer del servicio a otros, ya sea su esposo, sus hijos, sus padres o amigos, sus vecinos, sus compañeros de trabajo o las personas de la iglesia y la comunidad.

¿A qué actividades me refiero? Por ejemplo la pereza, el sueño excesivo, las siestas, y el ocio. Cosas como gastar demasiado tiempo haciendo compras y dando vueltas por ahí. Cosas como pasar demasiado tiempo frente a la televisión, hablando por teléfono, en la red informática o en pasatiempos… y aun demasiado tiempo dedicado a un trabajo. Es fácil desviar la atención hacia el yo (¿o tal vez debería decir egoísmo?) y desplazar nuestra responsabilidad frente al cuidado de las dos áreas prioritarias de nuestra vida.

Cuida de ti misma

Ahora hablemos de ti. Sí, también hay un lugar para cuidar de ti misma. Vamos a tratar este tema con detenimiento más adelante, pero quiero resaltar la manera como tu cuidado personal contribuye al servicio que prestas a Dios y a los demás.

Por ejemplo, imagina algunas de estas situaciones tan comunes (¡quizás aún en tu propia vida!). Postergas de manera sistemática el ejercicio… y tu espalda se cansa o tratas de funcionar sin aliento, o sintiéndote deprimida, derrotada o desanimada. Descuidas lo que comes… y luego descubres que careces de la fuerza necesaria o sufres con tu presión arterial. Te despreocupas de dormir lo necesario (¡tal vez por culpa de la televisión, la red informática o algún pasatiempo!)… y no puedes levantarte en la mañana, cumplir con tus actividades o continuar con todo al día siguiente.

Desatiendes los medicamentos que tomas o la cafeína que ingieres… y te vuelves caprichosa, inestable e irritable, y con esas actitudes hieres a otros (¡sin mencionar siquiera tu calidad de vida!). Dejas de tomar tus vitaminas, los medicamentos que necesitas o el agua suficiente… y se deterioran la salud y la vitalidad necesarias para tu vida diaria en el servicio a Dios y a tu prójimo. Confío en que ya comprendes lo que quiero decir. Es riesgoso descuidar tu salud y tus buenos hábitos. Después de todo, ¿cómo vas a obtener la fuerza necesaria para cumplir con las prioridades de Dios y con tus deberes en la vida? Otra señal de sabiduría es el cuidado de ti misma.

Espero que entiendas la diferencia entre el egoísmo y el cuidado personal. El egoísmo significa buscar el placer personal, servirte a sí misma y centrarte solo en ti misma, lo cual estorba el servicio que podríamos dar a Dios y a otros. Por el contrario, cuidar de ti misma te permite servir mejor y con mayor fuerza a Dios y al prójimo. En otras palabras, cuidas de ti misma *para* poder cumplir con las prioridades de Dios. Y al igual que las demás prioridades de Dios, esta requiere planeación.

Entonces ¡saca de nuevo tu agenda y anota! Ya anotaste en primer lugar tu tiempo con Dios. Luego, en segundo lugar, el tiempo para servir a otros. Ahora planea en tercer lugar el tiempo para cuidar de ti misma. Por ejemplo, *¿a qué hora* vas a levantarte y acostarte? *¿en qué momento* vas a comer… y *qué* vas a comer? *¿cuánto* tiempo vas a dedicar al ejercicio… y *cuáles* ejercicios vas a practicar? Y no olvides tus vitaminas, *¿en qué momento* vas a tomarlas? Tu agenda te ayudará a cumplir con las prioridades de Dios respecto a tu cuidado personal.

Al tratarse de ti misma, ten en cuenta los siguientes principios eternos de Dios:

- No permitas que te dominen los excesos (Pr. 23:2 y 30:8)

- Examínate para detectar posibles hábitos pecaminosos (1 Co. 11:28)

❧   Ejercítate en la piedad (1 Ti. 4:7), y

❧   Desarrolla el dominio propio (Gá. 5:23)

Solo por hoy…

¿Cómo podemos llegar a ser mujeres sabias? Basta con un día a la vez. Si cada día practicamos los principios eternos de Dios para llegar a ser sabias, tú y yo cultivaremos una vida llena de sabiduría. Así pues, empecemos hoy con un ejercicio práctico de lo que has aprendido acerca de las prioridades de Dios para tu vida… ¡y persevera en ello por siempre!

❏   Solo por hoy… planea el día de mañana conforme a las tres prioridades en su orden: Dios, los otros y yo. En relación con el tiempo que vas a dedicar a la Palabra de Dios, ¿qué libro de la Biblia quisieras leer o conocer mejor? Si no sabes por donde comenzar, empieza en Proverbios 31:10–31. En cuanto a tu prójimo, ¿qué harás por tu esposo, tus hijos, los miembros de tu familia (y todas las demás personas a tu alrededor) para servirles? Y respecto a ti misma, ¿qué cosas andan mal y hay que poner en orden, o qué cosas necesitan mejorar? Piensa en esto con detenimiento. Analiza en seguida los ajustes necesarios para el día de mañana, solo por un día.

❏   Solo para mañana… cumple con tu plan de prioridades. ¡Y no te apartes de él! Debes estar preparada para decir *no*… a ti misma, a tu carne, a tus excusas. Con la ayuda de Dios podrás lograrlo. ¡Solo tienes que lograrlo por *un día*! Levántate a la hora planeada, lee tu Biblia durante el tiempo que habías planeado hacerlo. Haz las obras de amor que habías planeado, las cuales harán sentir a los demás que en realidad son una prioridad para ti. Y cuida de ti misma (¿o tal vez debería decir que olvides todo lo demás por un momento?)… solo por un día. ¡Oh… será un día grandioso! ¡Y darás un primer paso, gigante y meritorio, en la puesta en práctica de la sabiduría divina!

❏ Solo por esta semana… practica lo mismo cada día. Haz que la maravillosa experiencia del primer día se multiplique por siete. Y no olvides anotar tus progresos. Lleva un registro de la manera como practicas la sabiduría en la disciplina diaria de vivir tus prioridades. Observa y anota la fortaleza (¡y la sabiduría!) que adquieres con la lectura de tu Biblia. Luego enumera las buenas obras que hiciste por las personas que te rodean. Y no olvides escribir algo acerca de la gracia de Dios y de tu desarrollo personal en el manejo de tu vida. El ejercicio de hacer una pausa para anotar todo esto te llenará de ánimo y glorificará a Dios, en tu esfuerzo por buscar un corazón sabio y por destacarte como una mujer que conoce y practica sus prioridades con sabiduría. ¡Oh… qué semana tan maravillosa tendrás! ¡Estoy segura de que vas a querer repetirla toda tu vida!

En pos de un corazón sabio

Espero que te hayas detenido a leer los proverbios al comienzo de este capítulo (Pr. 3:21–22). El pasaje advierte a cada mujer que busca un corazón sabio que la sabiduría puede escaparse con facilidad. Es posible perder la sabiduría si no la deseamos, si no crecemos en ella y si no la ponemos en práctica. El ejercicio constante es lo que permite que la sabiduría se consolide en nuestra vida. ¡Y es lo que en realidad te permite alcanzar el objetivo de vivir una vida sabia!

Lo mismo sucede con las prioridades. Mientras más busques tener un corazón sabio al centrarte en las prioridades de Dios para ti y en ejercitarlas, más vivirás conforme a ellas. Entonces tendrás una vida cuyo sello será la sabiduría de Dios.

Más sabiduría sobre…
tus prioridades

La mujer que teme a Jehová, esa será alabada.
Proverbios 31:10

El corazón de su marido confía en ella… De ella recibe el
bien y no el mal todos los días de su vida.
Proverbios 31:11–12

Siendo aún de noche, se levanta para dar la comida a su
familia y la ración a sus criadas.
Proverbios 31:15

Alarga su mano al pobre;
extiende sus manos al menesteroso.
Proverbios 31:20

No come el pan de balde.
Proverbios 31:27

Buscad primeramente el reino de Dios y su justicia, y
todas estas cosas os serán añadidas.
Mateo 6:33

*D*ios tiene propósitos para nuestra vida que aún no ha revelado. Es por eso que aguardamos cada día con fascinante expectación.
—*Philipps Brooks*

*F*rente a cada día que recibes a plenitud como un regalo intacto, precioso e invaluable, te preguntas: "Señor, ¿cómo quieres tú que viva este día? ¿Qué deseas tú que yo haga con él? ¿Cuál es la obra que tú has preparado para mí hoy?".
—*Elizabeth George*

3

Necesito ayuda con…
mi Propósito

asi a diario entablo comunicación con mujeres ya sea por medio de cartas, de correos electrónicos, de contactos telefónicos o de sesiones de preguntas y respuestas, y siempre me gozo al ver que sus corazones buscan consejo respecto a las diferentes áreas de sus intrincadas vidas. Algunas dicen: "¡Necesito ayuda… tengo cuatro niños!", "¡necesito ayuda… tengo nietos y una vida muy ocupada, y además unos padres que fracasan!", o: "necesito ayuda… mi esposo vive tan ocupado en su trabajo que siento como si nunca lo viera!" (y créeme, yo misma tengo mi propia lista de "necesito ayuda… ¡por favor!")

No obstante, lo que más noto en estas mujeres tan ocupadas es que se enredan en sus afanes cotidianos y no logran comprender la concordancia entre su ardua labor y el propósito de Dios para sus vidas y su futuro. Todos olvidamos divisar más allá del apremio de lo inmediato. Dejamos de ver hacia arriba y hacia adelante, lo cual respondería en sí el gran *por qué* de nuestra vida y aclararía el propósito de nuestras actividades, responsabilidades y dificultades. En cambio, apenas logramos culminar cada día con dificultad y poco esplendor, y relegamos su propósito dentro del gran panorama de la vida. Es triste que la mayoría de las mujeres tan solo dejan transcurrir día tras día las preciosas horas de su vida.

También hay muchas que enfrentan su vida a regañadientes y llenas de frustración, desesperanza e incluso amargura. Sin embargo, hay una verdad que arroja luz al paso de nuestros días: ni tú ni yo sabemos cuánto viviremos. Lo único que tenemos a nuestra disposición es nuestro presente. Es por eso que debemos procurar vivir cada día con el futuro y en un propósito en mente. Si entendemos con claridad los propósitos de Dios y logramos ver la vida con mayor amplitud, la sabiduría impregnará cada uno de nuestros días y nuestra labor cotidiana. Quisiera pedirte que reflexiones con insistencia en lo que responderías a preguntas como…

¿Cuál es el plan y el propósito de Dios para mi vida?

¿Qué deseo lograr al fin con mi vida?

¿De qué modo quisiera llegar a enriquecer a otros?

¿Cuál será mi legado en esta vida?

Vamos a echar un vistazo a algunas de las facetas más importantes de la vida de una mujer, aquellas que revelan la razón y el propósito de la vida. A medida que avancemos en esta tarea, recuerda que el propósito es el objetivo por el cual algo existe o se hace. Para nosotras ese objetivo es Dios. Voy a alternar los términos *propósito, propósitos* y *futuro* debido a que no solo nuestro propósito está en Dios, sino también nuestro futuro.

Vida eterna

Nuestra vida en la tierra encierra cosas muy hermosas, pero también pruebas y pesares. No obstante, sin importar cuán difícil o extenuante resulte nuestro paso por esta tierra, este se fortalece al recordar que al final nos espera la presencia del Señor para nuestra dicha eterna. Dicha expectación de vida eterna colma nuestros días y nuestra obra de esperanza. Supongo que al igual que yo, podrías soportar casi cualquier cosa si al final te aguarda una recompensa. Una de las razones por las cuales podemos enfrentar cualquier suceso es porque podemos vislumbrar la magnífica herencia de la vida eterna con Dios (1 P. 1:3–4). Sabemos con certeza que en la presencia de Dios hay "plenitud de gozo" y "delicias a su diestra para siempre" (Sal. 16:11).

Amada amiga, ¿ya tienes la esperanza de la vida eterna? Es un regalo que Dios nos da por medio de la fe en su Hijo, Jesucristo (Jn. 1:12). Si es así, puedes vivir cada día, sin importar cuán duro o triste sea, a la luz de la promesa de vida eterna que Dios te da. ¡Esa es la mejor razón de ser para tu vida!

Vida espiritual

Una vez que tenemos la promesa de Dios de vida eterna, somos responsables de alimentar nuestra vida espiritual. Fuimos creados por Dios y para Dios. Por lo tanto, debemos crecer a diario en nuestro espíritu mediante la búsqueda de la semejanza a la imagen del Hijo de Dios (Ro. 8:29), y la renovación de nuestra mente (Ro. 12:2) y vida espiritual (2 Co. 4:16).

Dios espera que crezcamos en nuestra vida espiritual. En efecto, la Biblia habla en tono de represión acerca de un grupo de cristianos que dejó de crecer: "Debiendo ser ya maestros después de tanto tiempo, tenéis necesidad de que se os vuelva a enseñar" (He. 5:12). Entonces ¿por qué debemos crecer? Ante todo, debemos crecer porque Dios espera eso de nosotros. Es una de las metas que se ha trazado para tu vida. A la luz de esta verdad, el crecimiento se convierte de inmediato en uno de los propósitos para nuestra vida.

Ahora bien, hay otra razón: ¡la fuerza! Algo hermoso del crecimiento espiritual es la tremenda fuerza que imprime a cada día y a toda labor que realizamos. Nuestra lectura de la Biblia trae el poder sobrenatural de Dios que imparte fuerza a todo lo que hacemos. Asimismo, nos permite ver la vida, el trabajo y las responsabilidades desde la perspectiva de Dios. Y luego esta perspectiva divina nos llena de vigor, de fuerza, de propósito, de entusiasmo… ¡y de energía! Esta explicación de los propósitos de Dios nos adiestra, nos impulsa y nos anima para cumplir con nuestro llamado.

Vida práctica

Los propósitos de Dios también se revelan en el aspecto práctico de nuestra vida. Por ejemplo, ¿qué cosas comprende tu vida práctica? Si eres como la mayoría de las mujeres, tu descripción podría incluir lo siguiente:

Vida familiar. Si eres casada, en tu vida cotidiana está presente tu esposo. Si tienes hijos, también estarán en la lista. Algunas mujeres tienen padres, hermanos, hermanas y suegros también. Las personas que Dios ha puesto en nuestro camino hacen parte de su propósito para nuestra vida. Él espera que invirtamos nuestro tiempo, esfuerzo, energía y dinero en nuestras familias. En la Biblia también nos instruye acerca de los roles que asumimos en cada relación en particular. Por consiguiente, hacer la voluntad de Dios en nuestras relaciones de familia se convierte en un propósito para la vida. Si lo único que tú y yo logramos dejar a otros en nuestra vida es la huella de una vida piadosa en nuestra familia, entonces habremos cumplido con uno de los más grandes propósitos de Dios.

La vida física y la salud. ¿De dónde proviene la energía física para realizar los planes y los propósitos de Dios? ¡De tu cuerpo! Y Dios te ha encomendado administrarlo.

Todos sabemos que cualquier descuido en nuestra vida física y en nuestra salud traerá sus consecuencias. No obstante, nuestra naturaleza humana se equivoca al pensar que tiene toda una vida por delante para cumplir el propósito de Dios en esta área. Sabes bien que tarde o temprano ¡tienes que enfrentarlo! Tienes grandes planes para cambiar tus hábitos alimentarios, hacer ejercicio, cuidarte más, tomar a tiempo tus vitaminas, disminuir el estrés, cambiar tu estilo de vida, abandonar los malos hábitos… ¡un día de estos! Y mientras sigues en tus planes para hacer algo o cambiar algo, tus malos hábitos y tu descuido cobrarán un alto precio… hasta que un día será demasiado tarde, y tu salud estará en peores condiciones de lo que imaginabas, con lo cual pondrás en peligro tu futuro.

¿En qué condiciones se encuentran tu cuerpo y tu salud? Puedes estar segura de que todo tu futuro en lo concerniente a la calidad de vida depende de lo que hagas o dejes de hacer en el cuidado de tu salud. ¿Qué calidad de vida tendrás entonces?

Vida ministerial. Cada día me hago las preguntas que ya anoté: ¿Qué deseo lograr al fin con mi vida? ¿De qué modo quisiera llegar a enriquecer a otros? ¿Cuál será mi legado en esta vida? Son preguntas serias respecto a la vida, ¿no es así? Es evidente que el cuidado de mi familia es una prioridad apremiante y uno de los principales propósitos de Dios. Debo enriquecer sus vidas de manera positiva con Cristo como fundamento. Pero aparte de mi familia… ¿cuántas vidas podré al fin afectar? Uno de los propósitos de Dios son las personas, pues al final de todo, son sus almas lo único que Dios redimirá de este planeta. Así pues, considera… ¿a cuántas mujeres enseñas, formas y entrenas en disciplina para el Señor? ¿A cuántas mujeres das, sirves, ayudas y comunicas las buenas nuevas de Jesucristo?

Vida cotidiana

Es verdad que nuestros días están contados. Están en las manos de Dios. Él, y nadie más, conoce el número de días que viviremos en esta tierra. Eso significa que lo único con lo cual contamos en realidad es con los minutos de un día. Así lo expresan estos dos dichos antiguos: "El presente es lo único que tienes", y "no hay mañana". Jesús enseñó estas verdades en su parábola del rico insensato que derribó sus graneros para edificar unos nuevos. ¿Qué le dijo Dios a ese hombre? "Necio, esta noche vienen a pedirte tu alma" (Lc. 12:20).

La mujer sabia se refrena para no pensar, actuar, o aun decir: "Hoy y mañana iremos a tal ciudad" y haremos tal cosa. ¿Por qué?

Porque ella conoce el desenlace de la historia: "No sabéis lo que será mañana. Pues ¿qué es vuestra vida? Ciertamente es neblina que se aparece por un poco de tiempo y luego se desvanece". Antes bien, ella sabe que debe pensar y decir: "Si el Señor quiere, viviremos y haremos esto o aquello" (Stg. 4:13–15). ¡Ella sabe bien que el presente es todo lo que tiene y que no hay mañana! Amada amiga, cada día de 24 horas que Dios te concede es para vivirlo *en Él, para Él, hacia Él, y por medio de* la fuerza que Él te da. ¿Por qué? ¡Porque hoy mismo *es* tu futuro! Quisiera decirlo de nuevo: El presente es todo lo que tienes para llevar a cabo los propósitos de Dios para tu vida. No hay garantía del mañana. Lo mejor respecto al futuro es que viene de manera progresiva, solo un día a la vez. Como lo afirma el dicho: El presente es lo único que tienes. Eso significa que tu único futuro es tu presente. Hoy es el único día que tienes para cumplir el propósito de Dios. Así que la calidad de vida y el futuro que construyes dependerá del presente que vivas para Dios (con esperanza... con propósito... ¡y para su gloria!).

Cada día, al levantarme en la mañana, me cuesta imaginar lo afortunada que soy. Piensa tan solo en el regalo de un día, ¡todo un día, intacto, precioso e invaluable! Luego recuerdo que no es *mi* día. No lo es. ¡Es el día de Dios! Y yo soy quien está llamada a administrarlo. De manera que me siento, tomo mi calendario y mi agenda, y me hago la siguiente pregunta: "Señor, ¿cómo quieres *tú* que viva este día? ¿Qué deseas *tú* que yo haga con él? ¿Cuál es la obra que *tú* has preparado para mí hoy?".

Es así como los propósitos de Dios se cumplen en el presente. Ningún día debe tomarse con ligereza. Ningún día debe malgastarse o desperdiciarse. Y cada día debe valer la pena. ¿Cómo es posible alcanzarlo? Si lo vivimos con los propósitos de Dios en mente. Entonces dedícate a buscar:

- Un andar piadoso: "Lo que pide Jehová de ti: solamente hacer justicia, amar misericordia y humillarte ante tu Dios" (Mi. 6:8).

❧ Un andar vehemente. El apóstol Pablo declaró: "Extendiéndome a lo que está delante, prosigo a la meta, al premio del supremo llamamiento de Dios en Cristo Jesús" (Fil. 3:13–14). Centra todo tu amor en dicho propósito.

❧ Un andar sobrio. ¡Ten cuidado! Dios exclama: "Mirad, pues, con diligencia cómo andéis, no como necios sino como sabios, aprovechando bien el tiempo, porque los días son malos" (Ef. 5:15–16).

❧ Un andar sabio: "No seáis insensatos, sino entendidos de cuál sea la voluntad del Señor" (Ef. 5:17). Hazte el propósito de conocer y entender la voluntad de Dios revelada en su Palabra.

Solo por hoy…

Conocer tu propósito es una gran fuerza motivadora. Incluye en tus hábitos cotidianos el afirmar los propósitos de Dios y su plan para tu vida a fin de cumplirlos… solo por hoy.

❏ Solo por hoy… pon tus ojos en los propósitos de Dios para tu vida. Ora con tu calendario y tu agenda en mano y di: "Señor, ¿cómo quieres *tú* que viva este día? ¿Qué deseas *tú* que yo haga con él? ¿Cuál es la obra que *tú* has preparado para mí hoy?". Luego dispone a llevar a cabo sus propósitos de una manera piadosa, vehemente, sobria y sabia. Centra toda tu atención en *Él* y en todos *aquellos* que Dios te ha confiado.

❏ Solo por mañana… (¡si lo hay!) recibe con gozo tu nuevo día, ¡todo un día, intacto, precioso e invaluable! Recuerda luego que no es tu día. Es el día de Dios… y tú solo eres quien lo administra. Toma tu calendario y tu agenda y sigue adelante en el camino que emprendiste ayer (ver arriba).

❏ Solo por esta semana… cuida de tu andar con Dios, de tu familia, de tus seres queridos y de ti misma. Haz de estos propósitos el centro de tu atención.

En pos de un corazón sabio

Reconozco que este capítulo es más "filosófico" que los demás. Quise ubicarlo al principio de este libro acerca de la sabiduría de Dios para nuestra vida por una razón. Conozco demasiadas mujeres (¡yo misma era una de ellas!) que no pueden perseverar en la puesta en práctica de los principios eternos que Dios tiene para nuestra vida. Estas mujeres preciosas conocen los principios. También quieren ponerlos en práctica. El problema es que no pueden perseverar en sus buenas intenciones.

¿Por qué sucede esto? Porque no encuentran el propósito para hacerlo. No hay razón alguna para luchar. No hay un *por qué* para sus acciones o sus intenciones. Amada amiga, *el propósito es la clave para hacer lo debido a fin de vivir con sabiduría.*

Y ¿qué pide Dios de nosotras? ¿Cuáles son sus propósitos para ti y para mí? Amada, Dios no espera que hagamos miles de cosas, ni siquiera cientos de cosas. No, nuestro sabio Dios solo nos pide unas pocas cosas. En efecto, creo que todo lo anterior respecto al propósito podría resumirse en solo tres: tomar la determinación de obedecer a Dios (1 S. 15:22), desarrollar una mayor confianza en Él (Pr. 3:4–6) y consagrarnos a ser más como Cristo (Ro. 8:29).

Si somos fieles en estas tres cosas, hallaremos y cumpliremos el propósito de Dios para nuestra vida. Es indiscutible que cualquier persona que busque estas cosas, sea hombre o mujer, vivirá una vida llena de propósito (Ef. 1:11; 2 Ti. 1:9).

Más sabiduría sobre…
tu propósito

Hazme saber, Jehová, mi fin y cuánta sea la medida de mis días; sepa yo cuán frágil soy.
Salmo 39:4

Confía en Jehová con todo tu corazón y no te apoyes en tu propia prudencia. Reconócelo en todos tus caminos y él hará derechas tus veredas.
Proverbios 3:5–6

En el rostro del inteligente aparece la sabiduría, pero los ojos del necio vagan hasta el extremo de la tierra.
Proverbios 17:24

¿No sabéis que los que corren en el estadio, todos a la verdad corren, pero uno solo se lleva el premio? Corred de tal manera que lo obtengáis.
1 Corintios 9:24

No que lo haya alcanzado ya, ni que ya sea perfecto; sino que prosigo, por ver si logro asir aquello para lo cual fui también asido por Cristo Jesús.
Filipenses 3:12

Sabiduría de Dios para… tu vida espiritual

*P*orque Jehová da la sabiduría, y de su boca viene el
conocimiento y la inteligencia.

Proverbios 2:6

*L*a Palabra de Dios es tan estimulante, tan llena de fuerza
y dinamismo… o en una palabra, estremecedora. Aún
más que eso, la Palabra de Dios transforma la vida. ¡Su
poder sobrenatural es transformador y la fuente de la
sabiduría más pura! La Biblia tiene la respuesta para cada
necesidad, cada asunto y cada decisión de la vida.

—*Elizabeth George*

Necesito ayuda con...
mi *B*iblia

*N*o sé cuánto ames la Biblia, ¡pero déjame decirte que para mí ella es mi vida! Durante los primeros 28 años de mi vida busqué ayuda en todas partes (¡excepto en lo alto!). Leí la sabiduría del mundo para tener un mejor matrimonio. Hice lo mismo al buscar consejo acerca de la crianza de los hijos. No resulta sorprendente que en ambos aspectos de mi vida las cosas empeoraron con rapidez. ¿Qué sucedió además con mi alma? Para ser franca, busqué la paz en casi cualquier lugar o religión que puedas imaginar.

En algún momento tuve que enfrentar una situación que me obligó a leer un libro "religioso" con el fin de presentar un trabajo de revisión de textos. Aquel libro que escogí para hacer mi trabajo (en realidad era el único libro religioso que tenía en casa) citaba muchos pasajes bíblicos. Mejor dicho, citaba un versículo bíblico tras otro. No tardé en cuestionar la posibilidad de encontrar dichas palabras en la Biblia. Al fin decidí desempolvar la pequeña Biblia que me regalaron en la confirmación de mi niñez para empezar a buscar las referencias bíblicas. Podrás imaginar lo torpe que fui al principio (¡tal vez te has sentido igual!). Por ejemplo, si la cita bíblica era Daniel 1:7, buscaba en el índice de mi Biblia impregnada de humedad, miraba el número de página del libro de "Daniel", ubicaba el número de página correspondiente y por último el versículo.

¡Y ahí estaban! Los versículos citados por el escritor de aquel libro religioso estaban en la Biblia. Como bien lo sabemos, la Palabra de Dios es poderosa y eficaz, y empezó a hacer mella en mi corazón desventurado y en mi alma abatida. Antes de terminar mi lectura del libro ¡me hice cristiana! Le entregué mi vida por completo a Jesucristo. Nací de nuevo en Él, por medio de Él y gracias a Él. Entré a hacer parte de su familia, y gracias a Él ¡mi vida cambió para siempre!

Desde aquel día en que descubrí la verdad de Jesucristo en la Biblia, me entregué por completo a ella. Y aun 30 años más tarde ¡no he agotado la Palabra de Dios! En efecto, mi hambre y mi sed por sus verdades que imparten vida, salvación y respuestas a cada problema, van en aumento con el paso de los años. He recorrido un proceso denominado...

Las tres etapas de la lectura de la Biblia

Etapa 1: La del aceite de hígado de bacalao, en que la tomamos como un remedio.

Etapa 2: La del trigo molido, en la que resulta nutritiva pero un poco seca.

Etapa 3: La de los duraznos con crema, en la cual la devoramos con deleite y emoción.[1]

Es mi anhelo, amada lectora, que te entregues a la Palabra de Dios con el mismo amor y entusiasmo. Eso deseo porque la Palabra de Dios es tan estimulante, tan llena de fuerza y dinamismo... o en una palabra, estremecedora. Aún más que eso, porque la Palabra de Dios, tu Biblia, transforma la vida. Su poder sobrenatural es transformador y la fuente de la sabiduría más pura. La Biblia tiene la respuesta para cada necesidad, cada asunto y cada decisión de la vida.

El tesoro de la Palabra de Dios

Al comienzo del presente capítulo cité un versículo del libro de Proverbios: "Porque Jehová da la sabiduría, y de su boca viene el conocimiento y la inteligencia" (Pr. 2:6). Salomón declara con vehemencia el valor de la sabiduría: "Si como a la plata la *buscares*, y la *escudriñares* como a tesoros" (v. 4, cursivas añadidas). La Palabra de Dios es en verdad un tesoro. Veamos por qué…

La Biblia viene de Dios: Cada palabra de la Biblia es "inspirada por Dios" (2 Ti. 3:16). Eso significa que procede de su aliento. La Biblia no es fruto de algún capricho o truco. Cada página que encuentras en tu Biblia contiene sabiduría perdurable, verdad eterna y firme sobre la cual puedes fundar y guiar tu vida, así como poner tu confianza… ¡por siempre!

Ya te comenté lo que la Biblia, la Palabra *de Dios*, significa para mí. Antes del día en que desempolvé aquella pequeña Biblia que le regalaron a una niña (¡esa era yo!), estaba perdida en pos de las "las cosas que están en el mundo" (1 Jn. 2:15). Me dediqué a la lectura de libros de este mundo y escuché las voces del mundo. Mi vida era frustrante y desconcertante. Cada vez que encontraba un paradigma al cual acomodar mi estilo de vida, aparecía otra filosofía y tenía que empezar todo de nuevo. En nada podía sostener, apoyar ni fundar mi vida, y en nada podía confiar… hasta que descubrí la Palabra de Dios. A diferencia de todo lo demás que probé, la verdad de Dios nunca cambia. ¡Nunca! Quisiera reiterar que en la Biblia tú y yo encontramos principios para cada necesidad y asunto, para cada día y por siempre.

Esa es mi historia. ¿Cuál es la tuya? ¿Caminas a tientas? ¿Has buscado respuestas en todas partes? ¿Cómo evalúas tu estima de la Biblia? Si vives en luchas o andas sin rumbo ni meta en la vida, te animo a tomar una Biblia y a leerla. Si necesitas ayuda con una relación, con un problema, con una decisión por tomar, aparta un día entero o un fin de semana para leer la Palabra de Dios y orar a solas. Si necesitas un amor renovado por la Palabra de Dios, consagra cada día un momento para la lectura de un pasaje de la

Biblia. Sumérgete en la Palabra de Dios. Y ora a medida que la lees. Renueva tu compromiso con tu crecimiento espiritual, con tu belleza interior, con el hábito de leer tu Biblia. La Palabra de Dios transforma todas las cosas… cada área de tu vida y cada necesidad que puedas tener.

La Biblia nos permite crecer en la semejanza de Cristo: Una preciosa imagen del poder transformador de la Palabra de Dios se encuentra en 2 Corintios 3:18: "Por tanto, nosotros todos, mirando a cara descubierta como en un espejo la gloria del Señor, somos transformados de gloria en gloria en la misma imagen, como por el Espíritu del Señor". El apóstol Pablo señaló que cada creyente, a medida que centra su vida en Cristo, es transformado de manera progresiva por el Espíritu Santo para ser como Él.

Creo que nunca afirmaré que he llegado a ser semejante a Cristo, pero sí puedo decir que *deseo* ser como Él. También sé que mediante la lectura de la Biblia, que es la única fuente de toda sabiduría, y la oración, llegaré a vivir de manera sabia. El simple ejercicio de leer tu Biblia es tan provechoso y transformador que desearás hacerlo toda tu vida… lo cual resulta en una vida de crecimiento espiritual en Cristo y en la belleza de su semejanza.

¿Qué más necesitamos para concluir que una mujer sabia debe amar la Biblia y buscar en ella el conocimiento y la verdad? Al igual que quienes extraen plata o buscan oro, tú y yo debemos escudriñar a diario las Escrituras (Hch. 17:11) con diligencia, devoción, tenacidad ¡y desesperación! Nuestra vida depende de ello. A medida que extraemos las riquezas espirituales de sabiduría en la Biblia, atesoraremos el mensaje de Dios en nuestro corazón que nos transforma en la semejanza de nuestro bendito Salvador.

Amada, ¡mi corazón está rebosante en este preciso momento! Tengo tres Biblias abiertas en mi escritorio ahora mismo (y cuatro más en la repisa a mi lado izquierdo, y no sé cuántas más en la biblioteca de mi esposo Jim abajo, ¿tal vez 20, 30, o 50?). Hay una silla en un rincón de mi oficina. Voy a hacer una pausa en este momento para tomar mi Biblia y leer sus páginas con atención, recogida en mi sillón. Mientras escribo acerca del tesoro de la

Palabra de Dios, busco las expresiones adecuadas para describir su gloria, y recuerdo los cambios asombrosos que ha producido en mi vida, surge en mí un impulso que no puedo resistir. ¡Tengo que ir ahora mismo!

Extraer los tesoros de la sabiduría de Dios

(Ya estoy de regreso.) ¿Cómo crece nuestro amor por la Palabra de Dios? ¿Cómo es posible que un libro, escrito con tinta sobre papel y encuadernado entre dos cubiertas, impulse en nosotras tal amor que invirtamos el esfuerzo máximo a fin de obtener el tesoro? Hay algunos pasos muy sencillos que lo hacen posible.

Paso 1: Lee la Biblia. Quisiera reafirmar, ¡tan *solo* léela! Empieza en cualquier punto. La única manera equivocada de leer la Biblia es *no* hacerlo. Y no permitas que la lectura bíblica se convierta para ti en algo penoso. Tan solo toma tu taza de café, de té o de chocolate caliente, siéntate, abre tu Biblia y lee. O llévala contigo al consultorio médico, al salón de belleza, a la playa o al parque, o a tus viajes en el avión. Saborea la Palabra de Dios como lo harías con una taza de tu bebida preferida, y hazlo en cada lugar adonde vayas.

Podrías empezar con Proverbios. Descubre a diario tu vida ante la sabiduría de Dios mediante la lectura del capítulo de Proverbios que corresponde a la fecha del día. Hoy es noviembre 24, lo cual significa que ya leí de nuevo Proverbios 24 que nos instruye en sabiduría acerca de la pereza (vv. 30–34). (¡Me da la impresión de que siempre me hace falta recordarlo!).

Cada vez que escucho a una mujer decirme que ha cometido un error o que ha tomado una mala decisión, pienso: "Amada amiga, ¿no has leído el libro de Proverbios? ¡Si lo hubieras leído, al menos *una vez*, sabrías con exactitud lo que Dios opina acerca de ese asunto!". Reafirmo lo que he dicho hasta ahora, ¡tan solo léela!

Paso 2: Estudia la Biblia. Existen muchos métodos y niveles de estudio bíblico. Puedo asegurarte, sin embargo, que apenas empieces a leer tu Biblia empezarán a surgir inquietudes. Y eso te llevará a estudiarla.

Eso es precisamente lo que me sucedió al empezar a leer el libro de Proverbios. No tardé mucho en preguntarme: "¿Qué quiere decir ese libro?". Lo mismo ocurrió en cuanto a mi lectura sobre las mujeres de la Biblia. Debido a la falta de modelos cristianos en mi vida decidí buscar consejo en las mujeres de la Biblia. Y empezaron a surgir muchas inquietudes.

Es así como tomé la decisión de comprar mi primer comentario (un libro escrito por un erudito que ofrece explicaciones a las Escrituras) del libro de Proverbios. Luego busqué un libro que se especializara en la vida de las mujeres de la Biblia. Podrás imaginarte lo que sucedería más adelante, pues no tardé en organizar una pequeña biblioteca con libros de trabajo, guías de estudio y estudios bíblicos acerca de los diferentes libros de la Biblia. Amada amiga, puedes empezar con algo muy sencillo, pero estudia tu Biblia.

Paso 3: Escucha la Biblia. No es aconsejable estudiar la Biblia en aislamiento. Es decir, necesitamos a quienes han sido dotados por Dios con conocimiento y dones de enseñanza para ayudarnos a abrir los ojos y los oídos del entendimiento. No olvides escuchar con regularidad la exposición y explicación de la Palabra de Dios (He. 10:25).

Paso 4: Memoriza la Biblia. He conocido muchas mujeres que me dicen lo difícil que les resulta memorizar las Escrituras. Es curioso que mi nieto Jacob, de tres años de edad, de algún modo logra memorizar los versículos de la Biblia. Si un niño pequeño puede hacerlo, ¡tú también puedes! No siempre tenemos a la mano una Biblia. En cambio, siempre podemos atesorarla en nuestro corazón. Tan solo esfuérzate… y hazlo.

Paso 5: Saborea la Biblia. David escribió que la Palabra de Dios era dulce "más que miel, y que la que destila del panal" (Sal. 19:10). Jeremías declaró: "Fueron halladas tus palabras, y yo las comí; y tu palabra me fue por gozo y por alegría de mi corazón" (Jer. 15:16). Por su parte, Job afirmó: "Guardé las palabras de su boca más que mi comida" (Job 23:12). A medida que saborees la Palabra de Dios, "probarás" cómo refresca tu vida.

Solo por hoy…

¿Con qué frecuencia comes? ¡Todos los días! ¿Con qué frecuencia deberías buscar al Señor y su sabiduría en su Palabra? ¡Todos los días! Cada hábito que vamos a cultivar en este libro está diseñado para ejercitarse un día a la vez. Así que…

❏ Solo por hoy… ¡lee tu Biblia! Hacerlo va a avivar tu alma, llenar de ánimo tu corazón y fortalecer tu fe. No te pierdas la sabiduría que Dios tiene para ti hoy. Y una vez que la "descubras", anótala en tu agenda. Lleva un registro de la sabiduría que encuentras para tu vida. Si no sabes por dónde comenzar, empieza por el capítulo de Proverbios que corresponde a la fecha del día. Considera lo que dice esta estadística: "Si se invierten 10 minutos diarios en la lectura de la Biblia, es posible leerla por completo al cabo de un año".[2] Podrías leer entonces 10 minutos… ¿solo por hoy?

❏ Solo por mañana… sigue adelante con lo que empezaste a hacer ayer, solo añade el capítulo 1 del evangelio de Mateo. Si lees un capítulo diario de los evangelios (Mateo, Marcos, Lucas y Juan), podrás leer toda la vida de Cristo cada tres meses. ¡Eso significa hacerlo cuatro veces al año! Multiplica todo esto por el número de días que tienes aún por delante, y… así tendrás una casa llena de tesoros del conocimiento de la vida de tu Salvador. Entonces podrás seguir sus pasos sabios sin importar lo que te depare el futuro (1 P. 2:21).

❏   Solo por esta semana… medita en otra realidad: ¡Solo cerca del cinco por ciento de los cristianos leen por completo la Biblia siquiera una vez en su vida! ¡Y hacia el final de esta semana, ya habrás recorrido parte del camino que conduce a la elite del "cinco por ciento"! Si te mantienes fiel solo por esta semana te encaminarás hacia una disciplina que rendirá ganancias eternas. Pedro lo dice de esta forma: "Toda carne es como hierba, y toda la gloria del hombre como flor de la hierba. La hierba se seca, y la flor se cae; mas la palabra del Señor permanece para siempre" (1 P. 1:24–25). ¡Sé sabia! Invierte tu tiempo en lo que permanece para siempre.

En pos de un corazón sabio

¡Qué maravilla! ¡Tan solo piénsalo! ¡La Palabra inspirada de Dios es toda nuestra! ¡Y nos hace crecer en la semejanza de Cristo! ¿En qué lugar se lleva a cabo esta grandiosa transformación? ¡Es una obra en tu interior! La Biblia transforma nuestro corazón. La Palabra de Dios es viva y eficaz, y obra en nuestro interior, en nuestro corazón (He. 4:12). Mediante la lectura de la Biblia aprendemos la verdad de Dios, detectamos las conductas erradas, corregimos nuestro camino y recibimos la enseñanza que nos permite vivir en justicia (2 Ti. 3:16). En otras palabras, la Palabra de Dios nos transforma desde el interior hacia el exterior. Hermosea nuestro exterior al tiempo que realiza profundas cirugías en nuestro interior. La Palabra de Dios es el mejor tratamiento de belleza que pueda existir para cada mujer.

Es indiscutible que esto es cierto para mí. Cada vez que leo mi Biblia, ella penetra mi corazón. Me vivifica. Hace que yo desee lo que Dios desea, piense más como Él piensa y busque lo que Él busca. Produce un cambio en mi manera de pensar acerca de las personas, los sucesos, las circunstancias del día y de mi vida. Tras finalizar mi tiempo de lectura bíblica mi mente descansa, mi corazón encuentra paz, puedo pensar con mayor claridad y encuentro el propósito y la dirección de Dios para mi día. ¡Que puedas tú también disfrutar esta bendición, amada hermana!

Más sabiduría sobre…
tu crecimiento espiritual

Los mandamientos de Jehová son rectos, que alegran el corazón… deseables son más que el oro, y más que mucho oro afinado… dulces más que miel, y que la que destila del panal.
Salmo 19:8, 10

En mi corazón he guardado tus dichos,
para no pecar contra ti.
Salmo 119:11

Lámpara es a mis pies tu palabra, y lumbrera a mi camino.
Salmo 119:105

Toda la Escritura es inspirada por Dios, y útil para enseñar,
para redargüir, para corregir, para instruir en justicia.
2 Timoteo 3:16

Porque la palabra de Dios es viva y eficaz, y más cortante
que toda espada de dos filos; y penetra hasta partir el alma
y el espíritu, las coyunturas y los tuétanos, y discierne los
pensamientos y las intenciones del corazón.
Hebreos 4:12

La oración no nos prepara para las obras mayores, pues la oración es en sí la obra mayor. La oración es el milagro de la redención que obra en nosotros para impartirlo en la vida de otros.
—*Oswald Chambers*

El estudio forma a un erudito bíblico, mientras que la oración somete al corazón a la enseñanza celestial que forma al cristiano sabio y espiritual.[1]
—*Charles Bridges*

Necesito ayuda con…
mi Vida de oración

¿Es acaso tu teléfono móvil lo que escucho? Lo escuchamos a diario, ¿no es así? La era de la tecnología se ha consolidado con gran fuerza durante los últimos años. Recuerdo mi primer teléfono celular. Me parecía que costaba una fortuna y era casi del tamaño de mi bolso. ¡Además, usarlo resultaba demasiado costoso! De hecho, era tan costoso que para abstenerme de llamar o recibir llamadas prefería dejarlo en casa. Sobra decir que en realidad ese teléfono no era de mucha utilidad.

En cambio, el teléfono móvil que tengo ahora es mucho más práctico y útil, y resulta menos costoso. Lo llevo conmigo con más frecuencia. Mi vida de oración se parece un poco a mi nuevo teléfono celular: Puedo orar en cualquier momento y lugar que desee, hablar con todas las personas que desee (en este caso ¡Dios!) y durante el tiempo que yo desee.

No obstante, a diferencia de lo que sucede con mi teléfono celular, no hay "cargas adicionales" en mi conversación con Dios. No tengo que molestarme en buscar el directorio en la pantalla para seleccionar y marcar algún número. Tampoco necesito comprar más aparatos accesorios que me permitan hablar mientras conduzco el auto. Nada de eso. Antes bien, tengo un canal directo de comunicación con el Dios del universo que está disponible las 24 horas del día durante los siete días de la semana… con el Creador de los cielos y de la tierra. ¿Qué te parece esa tecnología? ¡Es tecnología divina!

Para desarrollar una vida de oración

Si la oración es tan sencilla, entonces deberíamos pasar mucho más tiempo en oración del que en realidad pasamos. Sin embargo, la oración es una disciplina como cualquier otra en el ámbito espiritual. Es innegable que nuestro viejo hombre, nuestra carne y la naturaleza pecaminosa se oponen a cualquier disciplina espiritual. Por consiguiente, la oración requiere un esfuerzo de nuestra parte. A continuación voy a presentar algunas sugerencias que pueden ayudarnos en nuestra vida de oración.

Ante todo, *¡ora!*. Me gustaría reiterar: ¡Tan solo hazlo! La oración, al igual que cualquier otro hábito, tiene un punto de partida. ¿Por qué? Porque aprendemos a orar mediante la práctica. Aprender a orar no difiere de actividades como aprender a cocinar, a limpiar, a cuidar un bebé, a escribir, a pintar, a coser, a utilizar un computador o cualquier otra de las miles de actividades que hacemos o atraen nuestro interés. La práctica continua constituye el mejor maestro.

Segundo, *ora con espontaneidad*. En tu proceso de aprendizaje es posible que consideres tus oraciones defectuosas. Quizás te equivoques con algunas palabras y luches con tus preocupaciones, pero ten en cuenta que ninguna oración es incorrecta a los ojos de Dios si tu corazón es recto. ¿Alguna vez tus niños pequeños han tratado de comunicarse contigo? Sin duda aprecias el esfuerzo que hacen para lograrlo. Escuchas con avidez lo que dicen a pesar de su agitación, su tartamudeo o su jerga incomprensible mientras se esfuerzan por encontrar las palabras en su limitado vocabulario. Escuchas con atención para lograr descifrar sus expresiones y los animas a comunicarse. No quieres perderte detalle alguno de lo que dicen.

Bueno, mi amada amiga, tu Padre celestial es así también. Y aún más debido a su perfección. Él es perfecto en su paciencia, en su bondad, y se agrada con nuestras oraciones sin importar lo simples, torpes o pueriles que parezcan.

Tercero, *ora con regularidad*. Solía tocar el violín en la escuela secundaria. No era muy buena en esto, aunque practicaba lo suficiente. Sin embargo, ¡no dudo que jamás habrías querido escucharme sin que hubiera practicado! Con la oración sucede lo mismo. A medida que la practicamos con fidelidad y de manera regular, la oración se vuelve más natural y habitual. Por el contrario, si somos inconstantes en la oración nos sentiremos incómodas y no sabremos ni qué decirle a Dios. Por supuesto que Él no espera de ti oraciones perfectas. Él solo desea escucharte. Cultiva el hábito de hablar con Dios con regularidad.

Eso es lo que hizo David, "el dulce cantor de Israel" (2 S. 23:1). Él le dijo al Señor: "*De mañana* oirás mi voz; *de mañana* me presentaré delante de ti, y esperaré" (Sal. 5:3, cursivas añadidas). Otro salmista proclamó con gozo: "*Siete veces al día* te alabo a causa de tus justos juicios" (Sal. 119:164, cursivas añadidas), lo cual hace ver que oraba y alababa varias veces al día como una actitud continua de alabanza. El hecho de que no busques a Dios en oración revela en cierto modo que piensas que no necesitas a Dios. (También podríamos decir que la falta de oración demuestra que no estás *pensando* en Dios. ¿Por qué me atrevo a decirlo? Porque todos y cada uno de los pensamientos acerca de Dios mueven nuestro corazón a orar).

Cuarto, ora con fidelidad. La fidelidad es una señal de madurez. Una persona fiel es alguien confiable en lo que hace y en lo que dice. Además, la fidelidad es un elemento indispensable en cualquier relación, y en especial en nuestra relación con Dios. Todos sabemos bien que Dios es fiel. Él no cambia y nunca lo hará. La fidelidad es uno de sus atributos (Stg. 1:17). De modo que para cuidar tu relación con Dios es necesario que le seas fiel. Y la mejor forma de demostrarlo es mediante la fidelidad en tu vida de oración.

Un beneficio adicional de la oración fiel es mantener tus manos limpias ante el Señor. La Biblia dice que si somos fieles en la confesión de "nuestros pecados, él es fiel y justo para perdonar nuestros pecados, y limpiarnos de toda maldad" (1 Jn. 1:9). ¡Ora con fidelidad y así te mantendrás fiel en tu andar con Dios!

Quinto, *ora por toda la vida*. La respiración es lo que nos permite vivir. Es algo fundamental porque nuestra vida depende de ello. Por consiguiente, a ninguna persona en su sano juicio se le ocurriría decir: "Creo que voy a dejar de respirar un momento para descansar". No es posible. ¡La respiración es indispensable para la vida! Es así como debes considerar la oración. La oración es esencial para la vida cristiana. Del mismo modo que respiras mientras estás viva, debes orar mientras vivas. Hazlo por toda la vida.

Un modelo para orar

Jesús es la persona más sabia que haya vivido o que jamás vivirá. Es también el Maestro más sabio que exista. Al impartir su enseñanza acerca de la oración, Él en su sabiduría les dio a sus discípulos un modelo a seguir. Él no se limitó a decir: *Oren, oren con espontaneidad, con regularidad, con fidelidad, y por toda la vida* (como yo lo he hecho). Antes bien, el Maestro *por excelencia* dio a sus discípulos un modelo para hacerlo. Lo que se suele llamar "el Padre nuestro" se ha convertido en un patrón perfecto para la oración. Un estudio detallado de esta oración modelo nos permite entender mejor la manera como debemos orar. Lee el siguiente pasaje y en seguida algunas meditaciones acerca de los principios eternos de la oración basadas en esas hermosas palabras. Jesús habló con toda claridad y franqueza, sin dejar lugar a vaticinios. Les dijo a sus seguidores: "Cuando oréis, *decid…*" (Lc. 11:2), y…

> Vosotros, pues, oraréis así:
> Padre nuestro que estás en los cielos,
> Santificado sea tu nombre.
> Venga tu reino.
> Hágase tu voluntad,
> como en el cielo, así también en la tierra.
> El pan nuestro de cada día, dánoslo hoy.
> Y perdónanos nuestras deudas,

como también nosotros perdonamos a nuestros
    deudores.
Y no nos metas en tentación,
mas líbranos del mal;
porque tuyo es el reino, y el poder, y la gloria, por
    todos los siglos. Amén. (Mt. 6:9–13)

La oración es personal. Si eres hija de Dios puedes hablar con Él del mismo modo que hablas con tu padre terrenal. Y al igual que lo respetas a él, mostrarás respeto por tu Padre celestial. Él no es "el gran tipo de allá arriba", ni "la fuerza", ni "la madre naturaleza". El modelo de oración de Cristo empieza con una frase muy personal y respetuosa: "Padre nuestro que estás en los cielos".

La oración exalta la posición de Dios. La frase "venga tu reino" (v. 10) reconoce que Dios reina. Su reino físico se encuentra en este momento en los cielos pero pronto estará presente en la tierra. Eso significa que tú eres una hija del reino a la espera de su reino y de la venida del Rey de reyes.

La oración reconoce la fuente de tu confianza. En tu vida cristiana no hay lugar para aceptar ideas como la suerte, la coincidencia, el azar, el destino o el sino. *Nada* ocurre ni ocurrirá en tu vida por accidente. Al decir: "Hágase tu voluntad" (v. 10), afirmas tu confianza en un Dios soberano que lleva a cabo su plan perfecto para tu vida.

La oración revela tu dependencia. Al pedir: "El pan nuestro de cada día, dánoslo hoy" (v. 12) reconoces que Dios es quien provee para tu vida y quien la sustenta. Debes recordar siempre que Dios suple todas tus necesidades. Aunque en ocasiones no te percates de ello, dependes por completo de su bondad… aun para cada trozo de pan que gustas a diario.

La oración implora la dirección de Dios. Con frecuencia escuchamos la frase: "¡La vida es una selva!" para describir nuestra existencia en esta tierra. Es fácil perderse en la selva... a menos que cuentes con un guía. Tu Guía omnipresente que siempre te acompaña vela por ti: "Y no nos metas en tentación, mas líbranos del mal" (v. 13). Dios te dirige por "por sendas de justicia" (Sal. 23:3).

Solo por hoy...

¿Cómo llegamos a ser mujeres sabias? Estoy segura de que ya has escuchado esta frase unas cien veces, pero déjame repetirlo de nuevo... ¡basta con un día a la vez! Y, ¿cómo cultivamos una vida que brille por la sabiduría? Una vez más, mediante la práctica diaria de los principios eternos de Dios acerca de la sabiduría. Amada amiga, no olvides que tu vida de oración constituye uno de los principios de la sabiduría de Dios que debes practicar hoy, mañana y toda tu vida. Martín Lutero, el padre de la reforma protestante, se refirió a la oración como "lo más importante de mi vida". Asimismo reconoció: "Si dejara de orar un solo día perdería gran parte del fuego de mi fe".

¿Deseas tener sabiduría para tu vida... para tu compleja, intrincada, ocupada y complicada vida? Entonces, por favor, ¡pídela! Dios promete: "Si alguno de vosotros tiene falta de sabiduría, *pídala* a Dios, el cual da a todos abundantemente y sin reproche, *y le será dada*" (Stg. 1:5, cursivas añadidas).

❏ Solo por hoy... toma la decisión de consolidar la oración en tu vida. Si no tienes la costumbre de orar, empieza a cultivar el hábito apartando solo cinco minutos para orar hoy. Aun me atrevería a sugerirte que uses un cronómetro de cocina como ayuda. Luego anota en la agenda tu tiempo de oración, como lo vimos en un capítulo anterior. Anótalo como lo harías con cualquier otro compromiso. En seguida, haz una lista de todo los temas que debes "tratar" con Dios. Empieza por tu familia. Anota el nombre de cada uno de sus miembros y las peticiones correspondientes. Si ya tienes el hábito de orar podrías fortalecerlo. ¡Y qué gran privilegio es orar y batallar por otros, recorrer en oración el mundo entero para bendecir los misioneros de Dios, "orando *en todo* tiempo *con toda* oración y súplica en el Espíritu, y velando en ello con toda perseverancia y súplica *por todos* los santos" (Ef. 6:18, cursivas añadidas)!

❑ Solo por mañana… organiza algún sistema de registro o cuaderno para hacer tu lista de oración. ¿A *quién* vas a presentar en oración ante tu Padre celestial? ¿*Qué* peticiones harás por esas personas? ¿*Cuáles* son tus peticiones personales? ¿Algunas incluyen tu carácter? ¿O algunos problemas familiares? ¿En qué áreas necesitas la sabiduría de Dios? Haz una lista, anota la fecha en la cual oraste y eleva tu oración delante del trono de gracia (He. 4:16). Ora con confianza (¡otra vez He. 4:16!). ¡Y no olvides dejar un espacio en tu lista para anotar las respuestas de Dios a tus oraciones! Empieza con algo sencillo… ¡y está atenta a los tremendos resultados que lograrás con tu oración fiel!

❑ Solo por esta semana… sigue fiel a tu oración por las personas y las peticiones que anotaste en tu lista de oración. A medida que logres perseverar una semana, aumenta el lapso de tiempo de oración que te permita medir el crecimiento en esta disciplina espiritual. Si eres fiel en la oración y si permaneces atenta a la respuesta de Dios, tu fe se avivará y tu compromiso de oración se hará más fuerte. ¡Y sin duda desearás repetir la maravillosa experiencia de esta semana toda la vida!

En pos de un corazón sabio

Lograr desarrollar una vida de oración no es tan inalcanzable como piensan muchas personas. A Dios no le interesa tanto la manera como ores siempre que tu corazón sea recto (Pr. 15:8). No obstante, Dios desea que le glorifiques al reconocer su presencia, así como tu dependencia de Él por medio de la oración. Dios también anhela bendecirte como su hija que eres y concederte tus peticiones, así como otras "buenas cosas" (Mt. 7:11), para lo cual te manda que pidas. *"Pedid, y se os dará...* porque todo aquel que *pide*, recibe... vuestro Padre que está en los cielos dará buenas cosas a los que le *pidan"* (Mt. 7:7–11, cursivas añadidas). Así que ¡adelante! ¡pide! Solo presta atención a esta advertencia acerca de la forma de pedir (y de la motivación de tu corazón): "No tenéis lo que deseáis, porque no pedís. Pedís, y no recibís, porque pedís mal, para gastar en vuestros deleites" (Stg. 4:2–3). No seas como aquella joven que encubría sus motivos egoístas en su oración: "Señor, no te pido por mí, pero por favor ¡envíale a mi madre un yerno!".

Amada mía, tomemos en serio la oración. Unámonos a las fieles fuerzas de oración de Dios integrado por esposas, madres, suegras, hijas, nueras, abuelas, tías y compañeras de trabajo. Recordemos que "la oración eficaz del justo [esposas, madres, suegras, hijas, nueras, abuelas, tías y compañeras de trabajo] puede mucho" (Stg. 5:16). Si es verdad que "la oración mueve la mano de Dios", entonces, amiga mía, tenemos mucho trabajo por hacer, y se trata de un trabajo serio. Sigamos el ejemplo y los modelos de los héroes de oración de la Biblia y pidamos lo que conviene. Lee el texto titulado "el poder de la oración" que presento a continuación. Léelo con calma. Medita en ello. Deja que te inspire... ¡y que cambie para siempre tu vida de oración!

El poder de la oración

Moisés oró. Su oración libró
    a una nación de la muerte, y la destrucción.
Josué oró. El sol se paró,
    por doquier vencidos, sus enemigos.
Ana oró. Un hijo Dios le dio,
    y el regreso de su nación, de nuevo a Dios.
Salomón oró, sabiduría pidió,
    Dios le hizo el más sabio que existió.
Elías oró, con vehemencia.
    Dios envió lluvia y fuego con inclemencia.
Eliseo oró, con fuerte emoción.
    obtuvo el manto, y la "doble porción".
Jonás oró. Dios escuchó su gemido.
    Sin tardar salió del pez temido.
Tres hebreos oraron, hollaron el fuego,
    el "Hijo de Dios" en medio de ellos.
Daniel oró. No pudo el león,
    un ángel de Dios sus fauces cerró.

Diez leprosos oraron, al sacerdote fueron enviados,
   ¡gloria a Dios! en el camino fueron sanados.
El ladrón oró, misericordia imploró,
   al paraíso con Cristo muy pronto partió.
Los discípulos siguieron en oración. El Espíritu descendió,
   vinieron lenguas y llamas de restauración.
De convicción sus almas se llenaron,
   tres mil almas de nuevo nacieron.
La iglesia oró, en seguida se sorprendió,
   con Pedro en persona la respuesta llegó.
Pedro oró, y Tabita volvió,
   de nuevo a la vida tras su partida.
Si oran los cristianos, como en antaño, con fe renovada,
   imploran un alma,
unánimes juntos en esta tierra,
   con fuego de vida será cubierta.
Pecadores así volverán,
   ¡Y el mundo entero la gloria de Dios verá![2]

Más sabiduría sobre…
tu vida de oración

Los ojos de Jehová están sobre los justos, y atentos sus oídos al clamor de ellos. Claman los justos, y Jehová oye, y los libra de todas sus angustias.
Salmo 34:15, 17

Mas ciertamente me escuchó Dios;
atendió a la voz de mi súplica.
Salmo 66:19

El sacrificio de los impíos es abominación a Jehová;
mas la oración de los rectos es su gozo.
Proverbios 15:8

Jehová está lejos de los impíos;
pero él oye la oración de los justos.
Proverbios 15:29

El que aparta su oído para no oír la ley, su oración también es abominable.
Proverbios 28:9

No podemos desestimar las pequeñeces que ocurren a diario y que están a nuestro alcance, pues de ellas, tanto como de las cosas grandes que ocurren con rareza, se desprende nuestro crecimiento en santidad.[1]

El mayor obstáculo para nuestro desarrollo espiritual, o más bien, todo el impedimento en sí, es el abandono a nuestras pasiones y deseos, por lo cual dejamos de perseverar en el camino de la perfección de los santos. Entonces, al enfrentar la más leve adversidad perdemos pronto la esperanza y buscamos consuelo en otros, en vez de buscarlo en Dios.[2]

—*Thomas à Kempis*

6

Necesito ayuda con…
mi Crecimiento espiritual

¡Qué afortunada soy al tener no solo una sino muchas mujeres de Dios maduras que me han formado y aconsejado en mi vida cristiana! Muchas amadas hermanas han dejado en mi alma su huella pues han inspirado mi vida, me han amonestado, animado y exhortado, en especial durante los primeros años de mi crecimiento espiritual. En mis primeros pasos de vida cristiana y estudio bíblico personal encontré el pasaje de Tito 2:3–5. Descubrí entonces que aquel grupo de mujeres piadosas era un ejemplo viviente de las cualidades de la "anciana" que describe este pasaje.

Bueno, es probable que te preguntes: *"¿Y quién desearía ser una anciana?"*. Tienes razón. Nadie quiere envejecer. Pero no me refiero aquí a la edad cronológica. Hablo de la edad espiritual que se refleja en la madurez y en la sabiduría, y que se resume en las cualidades expuestas en este libro. Al igual que las "ancianas" que tanta bendición trajeron a mi vida, tú y yo debemos aspirar también a convertirnos en "ancianas" desde el punto de vista bíblico. Sería un sueño hecho realidad si nos convirtiéramos en mujeres maduras y sabias, dispuestas a ayudar a otras mujeres más jóvenes en la fe. ¿Cómo podemos llegar a ser ese ejemplo de madurez y sabiduría que otras puedan imitar? La respuesta es… mediante el crecimiento espiritual.

En busca del crecimiento espiritual

A fin de entender con mayor claridad lo que significa el crecimiento espiritual, lo traduciré en una sola palabra: Sabiduría. Veamos lo que esto significa.

Entrega de todo corazón tu vida a Jesucristo. La experiencia de recibir a Jesús como tu Señor y Salvador es el comienzo de la vida espiritual. También es allí donde comienza el crecimiento espiritual. Y es el principio de toda sabiduría. No puedes crecer si careces de vida. Tampoco puedes experimentar el crecimiento *espiritual* si no tienes vida *espiritual*. Amada amiga, ¡Jesús es la fuente de vida! (Jn. 11:25). Una vez que te vuelves a Cristo, el Espíritu Santo empieza su obra en tu corazón a fin de cumplir la voluntad de Dios para tu vida. Y la voluntad de Dios para ti es que crezcas en tu vida espiritual (1 P. 2:2; 2 P. 3:18).

Ya sé que he formulado esta pregunta antes, pero ¿ya recibiste vida por medio de Cristo? (Ef. 2:5). ¡La sabiduría empieza en Él!

Identifica el pecado en tu vida. Siempre me entristece ver que un niño nazca con algún defecto físico que estorbe su crecimiento. Mi corazón y mi oración se inclinan además hacia el niño y sus padres, pues en nuestra propia familia hemos enfrentado una situación semejante. Todos sabemos que no es normal la interrupción del proceso de crecimiento físico en un niño por cualquier motivo. Gracias al Señor, ¡Él puede hacer que todas las cosas ayuden a bien, aun un defecto de nacimiento! (Ro. 8:28). No obstante, al igual que un defecto puede detener el crecimiento *físico*, el pecado estorba en nosotros el crecimiento *espiritual*.

¿Qué es el pecado? Es cualquier pensamiento, palabra o acto que infrinja las normas que Dios nos ha dado en su Palabra, la Biblia. Para lograr nuestro crecimiento espiritual es necesario entonces combatir el pecado. Debemos identificar y sacar el pecado de nuestra vida todo el tiempo, a fin de quitar cualquier obstáculo para el crecimiento en nuestra vida cristiana. La Palabra dice:

"Desechando, pues, toda malicia, todo engaño, hipocresía, envidias, y todas las detracciones… para que… crezcáis" (1 P. 2:1–2). Esto significa tratar a esos pecados del mismo modo que se hace con un vestido manchado y lleno de suciedad e inmundicia. ¡Despójate de él!

¿Deseas crecer en tu vida espiritual? Entonces toma cinco minutos para meditar acerca de tu conducta. ¿Hay algunas áreas en las cuales el pecado salta a la vista? ¿Se enciende alguna luz roja en señal de alerta? ¿O una señal luminosa en tu pantalla de crecimiento? ¿Hay algunos pecados sin confesar? ¿O quizás algunos vestidos sucios? ¡Tráelos pronto delante de Dios! ¡Apártate de ellos! Acaba de una vez por todas con ellos, y hazlo sin piedad. Por favor, no permitas que cosa alguna detenga o limite tu crecimiento. "Confiesa" tu pecado y experimenta así el maravilloso perdón y la limpieza que Dios te ofrece (1 Jn. 1:9). "Bienaventurado aquel cuya transgresión ha sido perdonada, y cubierto su pecado" (Sal. 32:1).

Despójate de toda pereza espiritual. Me aterra saber que debo tomar tantas decisiones al empezar el día. Por ejemplo, dedicar tiempo al ejercicio… o postergarlo otras 24 horas. (Y esta es solo una de tantas decisiones que debo tomar a diario). Otra consiste en decidir si voy a invertir tiempo en el estudio de la Palabra de Dios o no.

Mi amada amiga, en vista de que tú y yo deseamos crecer en sabiduría y en nuestra vida espiritual, te invito a llamar nuestras decisiones negligentes por su nombre: ¡Pereza! Si decidimos no hacer ejercicio, escogemos la pereza en lo concerniente a nuestro estado físico. Asimismo, si decidimos dejar de lado la Palabra de Dios, se hace evidente nuestra pereza espiritual, solo que en este caso es mucho más grave. Lo que eso significa es que dejaríamos de crecer para alcanzar la madurez. ¿Por qué? Porque nuestro crecimiento requiere la fuerza, la motivación y el alimento espiritual que ofrece la Palabra de Dios, la cual es viva, eficaz y poderosa para transformar y darnos crecimiento. El pasaje de 1

Pedro 2:1–2 (ya citado) nos recuerda esta verdad acerca de la Palabra, y la necesidad de que la deseemos con ansias: "*Desead, como niños recién nacidos, la leche espiritual no adulterada, para que por ella crezcáis*" (v. 2, cursivas añadidas). ¿Por qué no hacer un compromiso renovado de tomar mejores decisiones acerca de nuestro tiempo? ¿Por qué no tomar la mejor decisión que consiste en pasar más tiempo con Dios y con su Palabra?

Establece el método y el ritmo de crecimiento. Algo maravilloso acerca de la decisión de crecer en nuestra vida espiritual es que existan tantas y tan excelentes herramientas para ayudarnos a lograrlo. Según tu estilo de vida, tus actividades y tu agenda, puedes usar los diferentes materiales de apoyo para estudiar la Biblia. Puedes empezar con materiales que te permitan estudiarla por ti misma. Tal vez te interese también participar en un grupo de estudio bíblico para mujeres en tu iglesia. O tal vez podrías considerar algunas de las siguientes alternativas:

- Escucha la Biblia o los mensajes de tu predicador favorito en audio-casetes.

- Escucha enseñanzas bíblicas de mujeres maduras en la fe que pueden ayudarte a crecer en audio-casetes o videocintas

- Lee libros cristianos de buena calidad acerca de la vida y el crecimiento espiritual.

- Asiste a conferencias bíblicas.

- Empieza a memorizar versículos clave de la Biblia.

- Emplea alguna combinación de las sugerencias anteriores y continúa con el siguiente paso, que es buscar a alguien que pueda enseñarte.

Si tal vez ya eres una mujer madura en el Señor y te sientes tentada a pensar *"bueno, yo ya conozco y practico todas esas cosas"*, entonces te sugiero la siguiente tarea. *Decide el ritmo de tu crecimiento*. ¡Debemos crecer, y nunca detenernos! Siempre habrá lugar para crecer más. De modo que aumenta la medida de tu crecimiento. Cualquiera que sea el tiempo que solías invertir en la lectura de la Biblia, ahora hazlo dos veces más. Asimismo, duplica el tiempo que empleabas en tu estudio bíblico. Si tienes la costumbre de memorizar pasajes bíblicos, hazlo aún más. Añade a esto el estudio de los versículos que atesoras en tu corazón. En vez de asistir a conferencias, ¡trata de dictar una tú misma! En vez de bostezar con la lectura de los temas en este libro (que quizás tú ya conoces), ¿qué tal si tomas todo tu conocimiento y experiencia en Cristo para transmitirlo a otra mujer más joven en la fe? He aquí otro reto que te propongo. El mismo hombre que descubrió que solo se requieren diez minutos al día para leer la Biblia en un año, afirmó: "Es posible leer 25 libros en un año si se invierten 15 minutos diarios en la lectura".[3] ¿Cuántos libros has leído ya este año? ¡Crezcamos en verdad! ¡Esforcémonos! ¡Seamos osadas!

Disponte a ser enseñada. Recién convertida tenía grandes deseos de crecer. Desde entonces decidí ser un aprendiz. Reconocía que ignoraba demasiadas cosas. De hecho, ¡en la escala de uno a diez me ubicaba en menos diez! De modo que busqué a alguien que me excediera en conocimiento. (Y créeme, ¡no fue difícil encontrar a alguien en semejante estado de inmadurez!). Estaré siempre agradecida con quienes trabajaron conmigo y me animaron con ternura para crecer en mi vida espiritual. Algunas personas me empujaron. Otras me arrastraron. Y algunas me cargaron por algún momento en el camino. Empleo con frecuencia las palabras de Pablo al expresar mi gratitud: "soy deudor" a estos santos amados (Ro. 1:14).

¿Quieres crecer en tu vida espiritual? Sé que lo deseas. Así pues, busca a alguna mujer que tenga la madurez y la experiencia que te hace falta, aquella "anciana" como dice la Biblia, y pídele que te asista. Si no puede ayudarte en ese momento, pídele que te dirija hacia alguien que pueda hacerlo. ¡Persevera en tu búsqueda y no te rindas! Es lamentable que "desde los albores de la historia del mundo jamás ha habido suficientes personas maduras que se encuentren en el lugar indicado".[4] ¡Tu crecimiento podrá contribuir a que eso cambie!

Prosigue con tu crecimiento espiritual. El crecimiento espiritual debe ser un anhelo y una búsqueda permanentes. Es algo que se logra minuto a minuto, día a día, y año tras año. De muchas maneras, el desarrollo espiritual se asemeja al ejercicio físico. Es probable que al dejar de hacer ejercicio los efectos tarden en notarse. No obstante, llegará el día en el cual te despiertes y sientas que todo tu cuerpo está fuera de forma y que has perdido fuerza.

De la misma manera, te equivocas si piensas que es posible progresar sin la Biblia, sin la oración y sin someterte a la enseñanza. Cualquier día podría suceder una tragedia o te verías confrontada por una crisis en medio de una gran debilidad espiritual que te impida responder de manera adecuada ante la emergencia. No dejes tu crecimiento para más tarde. Y no seas inconstante. Ejercítate en el crecimiento espiritual toda tu vida. La madurez se cultiva en tiempos de paz a fin de poder afrontar los tiempos de dificultad.

Solo por hoy…

Ahora, una vez más… ¿cómo llegamos a ser mujeres sabias? Y la respuesta, una vez más es: Basta con un día a la vez. ¿Cómo cultivamos una vida de crecimiento espiritual? Mediante la práctica de los principios eternos de la sabiduría de Dios… un día a la vez. El crecimiento espiritual viene con el ejercicio constante de las disciplinas espirituales. Dichas disciplinas se arraigan en tu vida diaria mediante los hábitos que permanecen con el paso del tiempo. Así que, una vez más…

❏ Solo por hoy… pídele a Dios que te conceda el deseo de crecer más. Pídele que te revele lo que estorba tu crecimiento espiritual. El obstáculo podría ser un pecado, o tal vez personas que vivan en pecado. Cualquiera de los dos ahogaría tu crecimiento. Crea un plan de lectura bíblica que se ajuste a tu agenda. ¿Tienes en mente alguna mujer madura que pudiera enseñarte? Empieza a orar para hablar con ella.

❏ Solo por mañana… sigue adelante con tu plan de lectura. Sé fiel. Piensa en el crecimiento que vendrá gracias a ella. Sueña con crecer en la gracia y en el conocimiento de tu Salvador. Y sueña con transmitir a otros lo que has aprendido, como los miembros de tu familia y de tu iglesia, tus amigos y colegas. Persevera en tu petición por la ayuda de una "anciana". Añade a esto una lista de todas las cosas que quisieras que ella te enseñara. Además, identifica en oración las áreas que sufren de inmadurez espiritual y de pereza. En seguida pide la ayuda de Dios por medio de su Palabra o del consejo sabio de una mujer madura. Y a medida que Dios te dirija, haz algo definitivo respecto a tu crecimiento espiritual. ¿Qué podría ser? ¡Sé osada!

❏ Solo por esta semana… sigue tu plan de lectura bíblica durante la semana. Al final, haz una oración y habla con la "anciana" por quien has orado. También pídele a Dios que traiga a tu memoria las verdades aprendidas en esta semana. Continúa la semana siguiente y la que sigue, y toda la vida. Llénate de emoción. Es como hacer ejercicio. El ejercicio te permite pensar con mayor claridad. Tienes más energía. Lo mismo sucede al ejercitar tu espíritu, pues estarás más atenta al mundo espiritual y discernirás con mayor facilidad entre el bien y el mal que se atraviesan en tu camino. Tendrás una fortaleza como nunca antes y te llenarás de ímpetu para edificar una vida sabia.

En pos de un corazón sabio

Cada vez que doy el mensaje de apertura de mis conferencias acerca de *la mujer conforme al corazón de Dios*, suelo citar el Salmo 33:11: "El consejo de Jehová permanecerá para siempre; los pensamientos de su corazón por todas las generaciones". Si tú y yo creemos en verdad lo que dice este versículo, entonces entenderemos lo importante que es la Palabra de Dios. ¿Acaso existe una *fuente* mayor de sabiduría a la que encontramos en "el consejo" del Señor? ¿Qué mayor *seguridad* para nosotros que conocer la sabiduría de Dios, "los pensamientos de su corazón por todas las generaciones", que es suficiente y permanece para siempre? ¿Y qué mejor legado podemos dejar sino la instrucción en la eterna sabiduría de Dios a la siguiente generación de mujeres?

El crecimiento espiritual te conducirá con toda naturalidad a la sabiduría que necesitas para tu vida y la de aquellos que te conocen. Entonces ¡anda en pos de un corazón sabio! Crece en tu vida espiritual y te convertirás en una fuente de gran fortaleza y esperanza para todos aquellos a quienes el Señor ponga en tu camino.

Más sabiduría sobre…
tu crecimiento espiritual

El justo florecerá como la palmera; crecerá como cedro en
el Líbano. Plantados en la casa de Jehová, en los atrios de
nuestro Dios florecerán. Aun en la vejez fructificarán;
estarán vigorosos y verdes.
Salmo 92:12–14

El que posee entendimiento ama su alma; el que guarda la
inteligencia hallará el bien.
Proverbios 19:8

Los que esperan a Jehová tendrán nuevas fuerzas;
levantarán alas como las águilas; correrán, y no se
cansarán; caminarán, y no se fatigarán.
Isaías 40:31

Desead, como niños recién nacidos, la leche espiritual no
adulterada, para que por ella crezcáis para salvación.
1 Pedro 2:2

Creced en la gracia y el conocimiento de nuestro Señor y
Salvador Jesucristo.
2 Pedro 3:18

Sabiduría de Dios para… tu vida diaria

Tiempo para trabajar es el precio del éxito.
Tiempo para pensar es la fuente del poder.
Tiempo para jugar es el secreto de la eterna juventud.
Tiempo para leer es la fuente de la sabiduría.
Tiempo para hacer amigos es el camino a la felicidad.
Tiempo para soñar es alcanzar una estrella.
Tiempo para amar y ser amado es el privilegio de
los redimidos.
Tiempo para cuidar de otros es la cura para el egoísmo.
Tiempo para reír es la música para el alma.
Tiempo para Dios es la única inversión que perdura
en la vida.[1]

Necesito ayuda con…
mi Tiempo

os expertos en administración del tiempo afirman acerca del tema: "Con mucha frecuencia escuchamos decir: *'Quisiera poder manejar mejor mi tiempo'*. En cambio, muy pocas veces escuchamos decir: *'Quisiera poder manejarme mejor'*. Es evidente que para manejar nuestras vidas debemos aprender a manejar nuestra propia conducta. En efecto, el único modo de tener más tiempo para las cosas que *en verdad* queremos hacer es aprender a administrarlo bien".[2] Yo añadiría que es la única manera de cumplir con lo *imprescindible*.

¿Cómo se escapa el tiempo?

Estoy segura de que te has preguntado lo mismo cada vez que tus sueños y tus buenas intenciones se desvanecen como el humo. El día termina, te sientes agotada y ante esto te preguntas, *¿cómo se escapa el tiempo?*

En realidad, el tiempo no se escapa. Sigue ahí. Transcurre a la velocidad acostumbrada que es… 60 minutos por hora… 1.440 minutos por día… y 168 horas por semana. Si consideramos la sabiduría de Dios en lo concerniente a nuestro tiempo, la mejor pregunta que podemos hacernos es: *¿Cómo podría manejar mejor mi vida a fin de sacarle el mayor provecho al poco tiempo que tengo?*

Lo haré tan pronto como tenga tiempo.

Esta es otra declaración que solemos hacer sin pensar en sus implicaciones. El tiempo no se esconde de nosotras para que salgamos a buscarlo. Por el contrario, está justo enfrente... ahora mismo... atento a nuestro llamado... para ser aprovechado con sabiduría. El tiempo no se ha perdido, como podríamos pensar. Más bien, hemos perdido el buen uso del tiempo que tenemos cada vez que lo usamos sin sabiduría.

Así pues, lo que en realidad debemos pedir cada vez que decimos "necesito ayuda con mi tiempo", es ayuda para manejar nuestra vida mediante la inversión sabia del tiempo. Nunca podremos "manejar" el tiempo como tal, pues en realidad posee ciertas peculiaridades. Por ejemplo:

> El tiempo no se puede comprar ni alquilar.
> El tiempo no se puede ahorrar. No se puede almacenar, congelar ni enlatar.
> El tiempo no puede fabricarse.
> El tiempo se dilata antes del alumbramiento y después que tu bebé nace se contrae.
> El tiempo avanza con mayor rapidez para ti que para tus hijos.
> El tiempo transcurre con mayor lentitud para ti que para tu dentista.
> El tiempo transcurrió con mayor lentitud para ti en la escuela que para tus maestros.
> El tiempo transcurre con mayor lentitud para ti en la iglesia que para tu pastor.

Como puedes ver, la cuestión no es el tiempo sino la vida real. Es necesario que comprendamos la manera de perfeccionar el manejo de nuestra vida.

El manejo de nuestra vida

Un principio imperecedero respecto al tiempo es: ¡Aprende a poner en orden tus prioridades! Dios nos delega algunas tareas específicas, así como las prioridades en diversos pasajes bíblicos a fin de dirigirnos en este proceso.[3] Ya escribí en detalle acerca de las prioridades de la mujer en mi libro *Una mujer conforme al corazón de Dios*. No obstante, quisiera resaltar la importancia de conocer tus prioridades. De hecho, como alguien lo declaró, ¡ellas determinan la vida! "Las prioridades no son meras opciones que pueden dejarse a un lado… ellas determinan la vida. Es indiscutible que la personalidad humana se amolda conforme a ellas".[4] ¡Qué poderosa declaración! Si tan solo centramos nuestro tiempo, nuestra vida y nuestro esfuerzo en las pocas áreas que Dios nos ha confiado, nuestro tiempo sería mucho más productivo. Por tanto, consagra el tiempo debido a las áreas de prioridad en tu vida que se describen a continuación.

Organizar tu tiempo según las prioridades

Tiempo con Dios. Ya sé que lo he dicho antes (¡y es probable que lo vuelva a decir!), pero Dios es tu prioridad suprema. Jesús dijo que si buscamos "primeramente el reino de Dios y su justicia", todas las demás cosas en tu vida serán añadidas (Mt. 6:33). Preocúpate por hacer de Dios tu prioridad suprema cada día. Conságrale el primer tiempo de la mañana, antes que todos en tu familia se levanten, y que tu día ¡y tu tiempo! se desperdicien, se pierdan y se malgasten. Dale a Dios lo primero de tu tiempo, las primicias de cada día nuevo y glorioso que te concede.

Tiempo con tu esposo. Si eres casada, el tiempo con tu esposo es lo que sigue en importancia al tiempo que pasas con Dios. Tu esposo es un regalo del Señor. Por consiguiente, debes darle gracias por él y tomar con seriedad la tarea que te ha encomendado de amarle… lo cual requiere tiempo, y de servirle… lo cual también requiere tiempo. Puedes inspirarte en la descripción de la esposa de Proverbios 31 que dice: "Le da ella bien y no mal *todos los días de su vida*" (v. 12, cursivas añadidas). ¡Y eso también significa tiempo!

Tiempo con tus hijos. Después de Dios y de tu esposo, tus hijos son la prioridad que sigue en la lista de Dios. ¡El tiempo que compartes con tus hijos pequeños en casa pasa tan rápido! No te pierdas siquiera un instante de esta "temporada" de tu vida y de esta tarea que Dios te ha encomendado. (¿Qué habría sucedido si Ana no hubiera cuidado en casa a Samuel durante sus primeros años?) Y luego, una vez que hayan dejado el nido, no dejes de dedicar tiempo a tus hijos. Planea pasar tiempo con ellos en sus respectivos hogares. Y no lo hagas solo con tus hijos. ¡También tus nietos necesitan todo el tiempo que puedas darles!

Tiempo para la familia y los amigos. El distanciamiento impide que crezca el afecto en la familia y entre los amigos. Dios te ha delegado la responsabilidad de amar y cuidar a tus padres, lo cual también requiere tiempo. También debes cultivar relaciones significativas con tus hermanos. Ya compartiste mucho con ellos durante los años de crecimiento. Ahora no pierdas el contacto con ellos. Hacen parte de tu herencia. Son también parte de tu vida y deberían serlo de la vida de tus hijos.

Y no olvides a tus amigos. Ellos también requieren la inversión de tu tiempo. Solo cuídate de no dedicarles el tiempo que corresponde a tu esposo y a tu familia, pues eso ha generado problemas para muchas mujeres. Tus amigos necesitan compañerismo contigo, ¡pero jamás a expensas de tu familia!

Tiempo para ti misma. ¿Alguna vez has imaginado tu vida como una batería eléctrica recargable que necesita reponer su energía con regularidad? Tu vida es también como una flor que despliega sus pétalos con el paso el tiempo. Tu preparación para servir a otros se hace posible cada vez que dedicas tiempo a ti misma para crecer en tu vida espiritual, así como para desarrollar tus dones, perfeccionar tus talentos y crecer como persona. Si deseas influir sobre otros es necesario que planees tiempo para ti misma. Dedícate a *crecer* "en la gracia y el conocimiento de nuestro Señor y Salvador Jesucristo" (2 P. 3:18).

Tiempo para lo inesperado. ¡Debo confesar que en esto fallo con mucha frecuencia! Estoy segura de que has escuchado acerca del plan A y del plan B. El plan A es aquel que trazas con cuidado y en oración para desarrollar en el día… si todo marcha como lo esperabas. En otras palabras, si todo ocurre sin tropiezos tu grandioso plan A se llevará a cabo ¡y tu sueño de un día perfecto se hará realidad! Por otro lado, el plan B es tu plan de apoyo. Es el plan que con frecuencia debes adoptar debido a lo inesperado, lo sorpresivo, lo que no estaba planeado, y "lo que Dios dispone" y que aprendemos a aceptar.

Lo que suele suceder es lo siguiente: Te levantas, pasas tiempo con el Señor y trazas tu brillante plan A. En seguida te dispones a llevarlo a cabo durante el día. Las cosas van bien… hasta que suena el teléfono y te informan acerca de alguien que está enfermo y necesita ayuda para comer en la noche. De repente, lo quieras o no, lo hayas planeado o no, terminas en el plan B. Y, créeme, ¡he aprendido que eso está bien! Es así porque aprendes a ver los diversos planes B como oportunidades de parte de Dios para servir y ayudar a alguien más y porque te permite enfrentar con éxito lo inesperado. Ante esto, cambias del plan A al plan B con rapidez y con calma (es decir, sin quejarte ni protestar). Oh, ¡seamos como Jesús que muestra toda gracia! Él nos enseña a vivir esta gracia para manejar cada suceso inesperado que interrumpe nuestra rutina.

Tiempo para planear. ¿Cómo es posible lograr que el tiempo trabaje para ti en vez de convertirte en su esclava? Por medio de un plan. Es necesario que a diario dediques un momento para pensar y orar sobre el día de hoy y de mañana, así como un tiempo más extenso para hacerlo respecto a la semana siguiente. Luego, una vez al año, disponer un tiempo para reflexionar acerca del que pasó y planear el siguiente. La realización de un plan te permitirá manejar tu vida y tus prioridades a fin de poder honrar a Dios y servir a otros.

Tiempo para trabajar. Aquí me refiero a alguna labor por fuera de casa. Sé muy bien que tú *trabajas*. (¿Qué mujer no lo hace?) Eres esposa y madre, y además cocinas, haces oficios prácticos, trabajas en el jardín, conduciendo el auto, etcétera. Con tus tareas en el hogar ya tienes un trabajo de tiempo completo. No obstante, si además tienes un trabajo por fuera de casa, *en verdad* necesitas planear tu día. Alguien exige de tu parte la inversión de ocho horas al día. De manera que necesitas saber cómo vas a manejar las dieciséis horas restantes.

Aprender lo que es importante

Aprender a ser más eficaz. La Biblia menciona varias mujeres que eran muy eficaces. Una de ellas es la mujer de Proverbios 31 (Pr. 31:10–31), a quien ya he mencionado en este libro. Cada vez que leo sobre su vida, el manejo de su tiempo, y su sabiduría, me pregunto con frecuencia: ¿Cómo es posible que esta mujer lograra hacer todas esas cosas? Bueno, creo que ella lo logró porque era *eficaz*. Alguien podría afirmar que era *eficiente*. Eso es cierto, pues hacía bien todas las cosas. En efecto, ser eficiente significa hacer las cosas bien. Sin embargo, aún más que eso, esta mujer hacía bien las cosas *correctas*. ¡Eso es eficacia!

¿Ahora comprendes por qué es tan importante poner en orden las prioridades en tu vida? Es posible que logres hacer muchas cosas en tu vida ocupada y agitada, y que puedas hacerlas bien. Puedes ser en extremo eficiente, pero… ¿son las cosas correctas, las más excelentes, las prioridades según Dios? Espero que así sea. No obstante, si logras identificar algunas áreas que no corresponden a tus prioridades, también necesitas…

Aprender a desechar. Aquí llegamos a la última etapa en el manejo de tu tiempo y de tu vida. Consiste en responder la siguiente pregunta: ¿Qué cosas puedo desechar en este momento de mi vida porque no son una prioridad? La vida tiene sus "temporadas" (tal como Salomón lo relató en Ec. 3:1–8). Tal vez eres soltera en este momento. Y el próximo año te cases. O quizás te encuentres en la temporada de crianza de los niños. O en la misma temporada que disfruto ahora, que consiste en realizar todas las actividades que se detuvieron mientras mis hijos crecían.

Lo que quiero subrayar es el hecho de que tus prioridades cambian. La tarea consiste en desechar todo lo que no contribuye de manera positiva y constructiva al plan de Dios y a las prioridades según el momento de tu vida y la situación en que te encuentres.

Desecha lo que no contribuya al propósito de Dios para tu vida. Hay muchas actividades que no son indispensables y que como mujeres realizamos a diario. Son más bien opcionales, pues podemos decidir hacerlas o no sin que se afecte nuestra vida. La decisión es nuestra. Si en realidad tomamos en serio el manejo de nuestro tiempo y de nuestra vida, las cosas secundarias deben desecharse.

Solo por hoy...

Cada sección de este libro presenta una llave hacia la sabiduría a fin de poner en práctica los principios eternos de Dios un día a la vez. ¿Cómo podemos cultivar una vida que brille por la sabiduría? ¡Al vigilar lo que hacemos con nuestro tiempo! El manejo del tiempo es otro principio de la sabiduría de Dios que debemos poner en práctica hoy... ¡y toda la vida! Entonces...

❏ Solo por hoy... evalúa lo que haya sucedido en el día tan pronto termine. ¿Cuáles son las actividades opcionales que pudiste haber desechado? Haz una lista que te permita identificar los "ladrones de tiempo" que minan los preciosos días de tu vida. ¡El propósito de la sabiduría es no cometer el mismo error dos veces! Reflexiona acerca de la manera como hubieras podido vivir tu día de manera más constructiva. Si tienes tu agenda, anota también tus respuestas... ¡con tinta roja! ¡Dios te ha llamado a invertir tu tiempo y tu vida para Él!

❏ Solo por mañana... lee Tito 2:3–5 y anota (¡en tu agenda!) los diez elementos esenciales enunciados allí para una vida piadosa. Puesto que este es el consejo de Dios para las mujeres que le pertenecen, estoy segura de que desearás abrazar estos diez principios como tus prioridades. Por último, inclúyelos en tu plan para todos los días por venir.

❏ Solo por esta semana… consagra un tiempo para evaluar tu semana y para planear la siguiente. Toma la lista de los "ladrones de tiempo" y también la de los diez principios esenciales de Dios y traza un mejor plan A para la próxima semana. Además de esto, planea el mismo ejercicio práctico al final de la semana siguiente. Te asombrarás al ver cómo inviertes tu tiempo a medida que realizas este ejercicio todo el año. Al final, estarás rebosante de alabanza a Dios por su sabiduría y por tus logros. Y, por supuesto, tendrás deseos de evaluar el año y de planear el siguiente.

En pos de un corazón sabio

¡Qué maravilla! ¡Ya hemos examinado muchos aspectos que abarcan nuestro tiempo, nuestra vida, sus prioridades y propósitos! Ahora, recuerda que tu porvenir está delante de ti. La vida te espera con sus minutos, horas, días y años (Dios mediante) repleta de posibilidades. Lo que identifica a una mujer con un corazón sabio es que aguarda cada mañana con gran expectación y emoción. Si tú y yo estamos atentas al sabio consejo de Dios para nuestro tiempo y para nuestra vida, ¡seremos entonces esa mujer sabia, amada hermana! ¿Por qué? Porque hemos decidido, con la ayuda de Dios, manejar nuestras vidas mediante la administración de nuestro tiempo… un día a la vez. Y ya que manejamos nuestra "vida" según Dios, tendremos el "tiempo" para aprovechar cada oportunidad futura que Él nos concede.

¡Estoy ansiosa por verlo! ¿Y tú?

Más sabiduría sobre…
tu tiempo

~ La sabiduría de Salomón acerca del tiempo ~

Todo tiene su tiempo, y todo lo que se quiere debajo del cielo tiene su hora. Tiempo de nacer, y tiempo de morir; tiempo de plantar, y tiempo de arrancar lo plantado; tiempo de matar, y tiempo de curar; tiempo de destruir, y tiempo de edificar; tiempo de llorar, y tiempo de reír; tiempo de endechar, y tiempo de bailar; tiempo de esparcir piedras, y tiempo de juntar piedras; tiempo de abrazar, y tiempo de abstenerse de abrazar; tiempo de buscar, y tiempo de perder; tiempo de guardar, y tiempo de desechar; tiempo de romper, y tiempo de coser; tiempo de callar, y tiempo de hablar; tiempo de amar, y tiempo de aborrecer; tiempo de guerra, y tiempo de paz.

Eclesiastés 3:1–8

Mirad, pues, con diligencia cómo andéis, no como necios sino como sabios, aprovechando bien el tiempo, porque los días son malos.

Efesios 5:15–16

La sabiduría consiste sobre todo en ser
sabio en el manejo del tiempo.
—*Presidente Teodoro Roosevelt.*

Lo que haces hoy es importante porque encarna lo
que entregas a cambio por un día de tu vida.

Cada día es una vida en pequeña escala, y nuestra
vida en su totalidad no es más que un solo día
repetido muchas veces.

Necesito ayuda con…
mi Agenda

Dios es un Dios dadivoso. Uno de los regalos que me dio hace un tiempo fue una gran amiga cuya afición consistía en elaborar adornos florales. Ella me dio un consejo que transformó mi vida, el cual compartió conmigo durante una boda. Ambas estábamos ocupadas en la cocina de nuestra iglesia. Yo era la encargada de la organización de la fiesta de bodas y Julia, por su parte, de los adornos florales para las mesas. Había dispuesto todas las flores frescas en orden de tamaño y color sobre hojas de papel periódico a todo lo largo del mueble de la cocina.

¡Qué magníficos adornos pude admirar! Nunca había visto algo parecido. Al observar a Julia mientras cortaba y alistaba las ramas y las flores para los adornos, le decía cuánto admiraba la impresionante transformación de esos adornos que cobraban vida casi de manera mágica gracias a la obra de sus manos. La belleza había surgido del caos y del desorden que acababa de observar en la cocina. Al fin le pregunté a Julia la razón por la cual sus adornos eran tan extraordinarios. ¿Qué los hacía tan magníficos? ¿Cuál era su secreto?

Julia pronunció solo dos palabras que me cambiaron la vida. Ella dijo: "Mi lema para cada cosa que hago es: '¡Sé audaz!'"

¡Sé audaz! Ten presente la máxima de Julia en tu vida y en lo concerniente a tu agenda diaria. Quiero que seamos "audaces". Quiero que tengamos una mente "audaz". Y quiero que vivamos de manera "audaz" para Dios. Después de todo, Él nos ha dado vida (Ef. 2:5). Nos ha dotado para vivir para Él (2 P. 1:3). Y se ha trazado grandes propósitos para nosotras (2 Ti. 1:9).

Una lista de acciones planeadas

¿Qué es una agenda? En sentido literal es una lista de horas y detalles de sucesos periódicos y de acciones planeadas. Una agenda es también un plan de duración determinada para la realización de un proyecto o una acción particular.

Tú eres la "jefe de operaciones" de tu vida, de tus relaciones, de tu hogar y de tu trabajo. Por consiguiente, tú también necesitas una lista de acciones planeadas de estas áreas tan esenciales de tu vida.

¿Para qué sirve una agenda? Toda mujer sabia necesita una agenda. ¿Por qué? En primer lugar, como hemos visto, porque ante ti está el objetivo divino. Una agenda te permite cumplir con el propósito de Dios para tu vida... y para tu día. Me fascina la declaración vehemente del apóstol Pablo. Al referirse a Dios añadió estas palabras: "de quien soy y a quien sirvo" (Hch. 27:23). ¿De quién eres y a quién sirves hoy? Una agenda te permite llevar a cabo tu servicio *a Dios* y *su* propósito para tu vida.

En seguida fíjate en la forma de realizar las cosas. Una agenda te ayuda a vivir tu día con un enfoque espiritual. En ausencia de una agenda o de un plan, los preciosos 1.440 minutos diarios que Dios te regala se llenan de frustración, de cansancio y aun enojo. Sabemos poco acerca de nuestras acciones... pero nos percatamos de que las cosas no suceden como deberían. Ante esto, las emociones negativas afloran. En cambio, si tienes una agenda, que es un plan de duración determinada para la realización de un proyecto o una acción particular, puedes desarrollar a plenitud las "acciones planeadas" en una sucesión ordenada, continua y serena.

Considera además el aspecto de la sabiduría. Tener una agenda es una señal de sabiduría. Por ejemplo, observa la mujer de Proverbios 31. Con solo echar un vistazo a su vida cotidiana (Pr.

31:10–31) podemos notar la lista de prioridades y la realización de una agenda. Veamos:

Temía al Señor (v. 30).

Atendía los asuntos de su casa (v. 27).

Servía a su comunidad (v. 20).

Se levantaba temprano en la mañana (v. 15).

Cuidaba de su familia y de la casa primero (v. 15).

Permanecía ocupada a lo largo del día (v. 27).

Trabajaba durante la noche (v. 18).

Cómo hacer un adorno

Regresemos a mi anécdota con mi amiga Julia, que elabora adornos florales espléndidos y audaces. Ella me explicó que en sus obras maestras algunas flores tienen colores más brillantes y son más atractivas a la vista, por lo que resultan más importantes para el efecto visual del adorno floral. Estas flores se dejan con el tallo más largo, se clavan más verticales y se insertan antes que las demás. Por otro lado, hay flores de colores más suaves que se insertan después y rodean a las más radiantes. Luego se insertan otras flores para rellenar y otras que aportan su fragancia. Julia me explicó con paciencia que cada flor tiene un lugar y un propósito determinado.

Antes de aprender lo que Julia me comentó acerca de la realización de adornos, solía comprar en la tienda un ramillete de flores, quitarle la envoltura de papel celofán y ponerlo tal como estaba en un jarrón. Después de la pequeña lección que me dio Julia empecé a pensar en cada flor y en la importancia de su lugar dentro del conjunto. Aprendí el secreto para elaborar adornos armoniosos y audaces.

Amada amiga lectora, debes pensar en tu día y cuidarlo con el mismo esmero que se tiene con un adorno floral espléndido. Por una parte, es posible que tengas un "montón" de cosas por hacer y que con ellas atiborres el regalo de 24 horas que Dios te da. Y por la otra, puedes también evaluar a conciencia todas esas actividades que tienes por alistar, realizar y culminar, a fin de establecer tus prioridades y ubicarlas en el lugar correcto dentro de tu agenda. ¿No te parece que esa es una mejor opción? Como mujer sabia debes examinar con seriedad y en oración el valor de cada actividad y el tiempo más propicio para dedicarle... aun el valor de cada minuto y la mejor manera de invertirlo.

Cómo hacer una agenda

Paso 1. ¿Cuál es la actividad "número uno", la más importante, el enfoque principal, la "flor" más radiante de tu día? Esa es la primera pregunta que debes formularte cada día. Una vez que la has respondido, puedes organizar y planear tu día en función de ella. Debes organizar cada cosa *después* y *alrededor* de ella.

Ya sabemos cuál es nuestra flor más importante, ¿no es así? Es *Dios.* Es nuestra vida espiritual, la única actividad que afectará a todas las demás en nuestro día. Si no dedicamos tiempo para alimentar y cultivar nuestra relación con Dios que es la prioridad máxima que abarca todas demás las cosas, será imposible vivir una vida audaz para Dios. Y no tendrás la fuerza, el propósito, la sabiduría y el gozo que necesitas. "Ninguna mujer puede dar lo mejor de sí a menos que dé lo mejor en su vida espiritual".[1]

Así pues, debemos poner primero lo primero, lo cual significa poner en el primer lugar de tu agenda tu tiempo con Dios.

Paso 2. En la lista de prioridades de Dios, Él ocupa el primer lugar, y luego las *personas.* Entonces pasa a responder la segunda pregunta: ¿Quiénes son esas personas en tu vida? ¡Ten mucho cuidado con tu respuesta! Si eres casada y tienes hijos, ellos son la prioridad en tu vida, no tu hermana, ni tu mejor amiga, ni tu vecina, ni las mujeres en la iglesia o en el trabajo. Esto no significa que tus amigas o el ministerio estén por fuera de tus planes. No obstante, si se trata de tu agenda, pon tu familia primero… y luego las demás personas.

En tu agenda (o en tu adorno floral del día) hay lugar para las personas en tu vida. ¿Cómo puedes servirles y ayudarles? ¿Qué puedes hacer por ellas? ¿Y *en qué momento* lo harás? Anota en tu agenda tus planes y el tiempo específico para realizarlos.

Paso 3. La vida de muchas mujeres está llena de frustración y fracaso debido a que han desatendido el paso más importante en la planeación de sus días, que es pensar en el *futuro.* Cada mujer realiza tareas y vivencias que se verán en el futuro. Con la ayuda del Señor dichas actividades al fin llegarán y nuestra tarea consiste en estar preparadas para hacerles frente, así como aguardarlas con emoción. (¡Eso es lo que hace la mujer sabia en Pr. 21:5!)

Por ejemplo, mientras escribo sobre el principio de realizar una agenda, echo una mirada a mi futuro próximo. Y quedé sorprendida, pues mira lo que descubrí: Debo entregar el manuscrito de este libro en unas pocas semanas junto con su guía de estudio y crecimiento. Mi pequeña nieta Katie va a cumplir tres años y merece una celebración apropiada. Mi familia realizará su reunión anual durante el fin de semana en que se celebra el día del presidente. El día de San Valentín pronto llegará… ¡y ya sabes lo que esto significa! Jim y yo debemos organizar nuestros planes para diversas actividades durante la primavera. Y eso es solo la punta del iceberg, los puntos más notables.

El futuro siempre parece ominoso e imposible. No obstante, he logrado controlar todas estas actividades (¡y oro por ello!). Esto significa tan solo que ya realicé parte del trabajo y que me he preparado para cumplir con cada compromiso, cada cumpleaños, reunión y fecha especial anotada en la agenda de hoy. Cada día practico el mismo ejercicio a medida que llegan las actividades…

y con optimismo estaré lista para cumplir con cada cosa. (Ah, ¡y ni siquiera mencioné la fecha límite para pagar los impuestos!)

Paso 4. ¡No olvides cuidar de ti misma! ¿Tratas de perder algunos kilos? ¿Te has propuesto hacer un poco de ejercicio cada día? ¿Necesitas hacer una llamada telefónica para participar en un grupo de estudio bíblico, pedir una cita con el médico o ir al salón de belleza? ¿Necesitas sentarte por fin a leer un libro pendiente?

Paso 5. Después de haber planeado con fidelidad la agenda de los próximos días, puedes perfeccionar el ejercicio con los diversos tipos de agenda como:

> *Agenda semanal:* A medida que planeas cada semana, cuida de hacer una agenda en el sentido horizontal (anotar las cosas que se hacen cada día a la misma hora… tales como levantarte, leer tu Biblia, hacer ejercicio, cocinar y planear el día siguiente).
>
> En seguida, anota tu agenda en el sentido vertical (actividades que ocupan grandes lapsos de tiempo… como tres horas de limpieza de la casa, un estudio por correspondencia o diligencias pendientes).

> *Agenda mensual:* Se trata de un calendario que permite tener a la vista todos los días del mes. Allí anotas las fechas clave, las reuniones y los compromisos para que nada te tome por sorpresa. Hacerlo también te permite vislumbrar el panorama del año en una escala más pequeña y manejable. Piensa, por ejemplo, ¿quién cumple años en este mes?

> *Agenda anual:* Esta agenda refleja el ritmo de tu vida. En ella puedes anotar días de fiesta, cumpleaños, compromisos familiares, citas médicas, actividades en la iglesia, el calendario escolar, fechas de matrimonios,

graduaciones... y por supuesto, ¡las fechas límite para entregar tu trabajo!

Mi calendario anual no solo incluye los plazos de entrega de mi libro sino también los de mi esposo. Asimismo, los compromisos ministeriales de ambos, nuestra fecha de aniversario y el cumpleaños de Jim. También anoto la fecha de cumpleaños de mis hijas y de sus esposos (así como sus aniversarios)... y de mis cinco nietos. Anoto cada día de fiesta o día especial, y el día de reunión familiar anual.

Solo por hoy...

Como puedes ver, es indispensable hacer una agenda. Funciona como un espejo que refleja tu vida. Es una herramienta para mejorar cada día. ¡Y una vara para medir tus logros! Medita por un instante en la creación del mundo. Dios tenía una agenda... desde antes de la fundación del mundo. Él sabía con exactitud lo que iba a crear cada día durante la primera y más gloriosa semana de la historia de la creación. ¡Y fue una verdadera obra maestra! Dios también sabía que iba a descansar en el séptimo día. ¿Y qué de ti? ¿Cómo luce tu obra maestra?

❑ Solo por hoy... haz tu agenda, ¡aunque apenas sea una prueba! Consagra los primeros diez o quince minutos de tu día para trazar un plan del día y anotarlo en tu agenda. Y recuerda, ¡cualquier agenda que hagas es mejor que no hacerla!

❑ Solo por mañana... hazte el propósito de hacer una mejor agenda. Toma la decisión de vivir un día mejor que ayer. ¡Y recuerda pedirle a Dios sabiduría (Stg. 1:5)!
   Anota en tu agenda las compras que vas a hacer en un almacén de suministros para oficina. Observa en detalle los diferentes tipos de calendarios y herramientas

disponibles para planear y hacer una agenda. Si no puedes conseguirlas, compra otra que te permita empezar. Si ya tienes una, evalúa si es posible mejorarla o conseguir algo para perfeccionarla.

❏ Solo por esta semana… cada día, ante todo, haz tu agenda. Si organizas una agenda y fijas fechas, las actividades programadas se realizarán con mayor apremio de tal modo que no se postergarán. Conserva tu agenda siempre a la mano, ¡estarás ansiosa por anotar tus sorprendentes logros! ¡Toda una transformación está en acción!

En pos de un corazón sabio

Cada vez que medito en los días de nuestra vida no puedo evitar sentir cierto apremio. Amada hermana, permíteme decirlo de nuevo: ¡El presente es lo único que tienes! ¡Tan solo el día de hoy! Si vivimos en pos de un corazón sabio debemos orar por nuestro día antes de que empiece, a medida que transcurre, y al culminarlo. ¡Cuán necesitado está nuestro agitado corazón de recibir la clara dirección y sabiduría de nuestro Dios para vivir un solo día! Sin esto seríamos incapaces de aprovechar el día o de bendecir a otros. Caeríamos en la trampa de agradarnos a nosotras mismas, de descuidar nuestras responsabilidades, o de desperdiciar en la insensatez de este mundo los preciosos minutos que Dios nos regala. Y, como lo afirma un dicho célebre: No puedes matar el tiempo sin lastimar la eternidad.

Así pues, ¡los mortales sometidos a la debilidad y a la carnalidad no tenemos otra opción sino orar! Debemos orar para pedirle a Dios *su* sabiduría, *su* dirección y *su* plan para cada día… que es *suyo*. No existe otro camino para lograr que nuestro día se invierta en *sus* propósitos y para *su* gloria. Y no hay otra manera de bendecir a otros y proseguir "a la meta, al premio del supremo llamamiento de Dios en Cristo Jesús" (Fil. 3:14). Al pensar en nuestra agenda diaria, unámonos a las mujeres sabias de Dios. *Pidámosle* sabiduría: "si alguno de vosotros tiene falta de sabiduría, pídala a Dios, el cual da a todos abundantemente y sin reproche, y le será dada" (Stg. 1:5).

¿Qué es un día?

Solo por hoy…

Como Enoc, caminaré en comunión permanente con mi Padre celestial.

Como Abraham, confiaré de todo corazón en mi Dios.

Como Job, seré paciente bajo cualquier circunstancia.

Como José, volveré la espalda a toda tentación seductora.

Como Moisés, preferiré sufrir antes que gozar de los deleites del pecado.

Como Caleb y Josué, no permitiré el desánimo por causa de las apariencias.

Como Gedeón, seguiré adelante aunque sean pocos mis amigos.

Como David, alzaré mis ojos a los montes de donde viene mi socorro.

Como Josafat, dispondré mi corazón para buscar al Señor.

Como Daniel, viviré con Dios en todo tiempo y en todo lugar.

Como Andrés, lucharé para traer a otros a Cristo.

Como Esteban, mostraré un espíritu perdonador hacia todos aquellos que procuran mi mal.

Como Pablo, olvidaré lo que queda atrás y me extenderé a lo que está delante.[2]

Más sabiduría sobre...
tu agenda

Examina la senda de tus pies,
y todos tus caminos sean rectos.
Proverbios 4:26

Encomienda a Jehová tus obras,
y tus pensamientos serán afirmados.
Proverbios 16:3

El corazón del hombre piensa su camino;
mas Jehová endereza sus pasos.
Proverbios 16:9

Los pensamientos del diligente ciertamente tienden a la
abundancia; mas todo el que se apresura alocadamente,
de cierto va a la pobreza.
Proverbios 21:5

pero hágase todo decentemente y con orden.
1 Corintios 14:40

"¿Qué es un hogar?"
Le pregunté a mi pequeño hijo.
Y esto me respondió:
"Tú, madre,
y mi padre al llegar,
nuestra mesa bien dispuesta,
y mi cama,
y, mamá, creo que es un hogar,
porque nos amamos".
Ustedes que son mayores y sabios,
¿Qué responderían
a mi pregunta?
Díganmelo, por favor.
De un pequeño niño aprendemos
que un hogar se construye con amor.
La calidez del crisol dorado del horno,
una mesa y una lámpara para alumbrar,
y suaves camas blancas en la noche.
Solo lo esencial.
Hace tiempo entendí,
que no importa si está cerca, o lejos,
pues doquiera que hay amor,
y sencillos tesoros de familia, allí está el hogar.[1]

Necesito ayuda con…
mi Hogar

añana se cumple la fecha en la cual falleció mi amada madre a la edad de 93 años hace ya un mes. ¡Todavía me cuesta creerlo! Para Jim y para mí ella era la única que aún vivía de nuestros padres. Y ahora, en la víspera del año nuevo, partió. Es una pérdida dolorosa.

Al traer a mi memoria durante el último mes los recuerdos de mi niñez me doy cuenta de que mi madre, como ama de casa, marcó sin duda y para siempre mi vida. Aunque tenía un importante trabajo como maestra de escuela durante el día, era una ama de casa extraordinaria el resto del tiempo. Le fascinaba tejer con su máquina y a mano. Ella misma colocaba con gran virtuosismo cada objeto en nuestra casa ¡era una decoración digna de ser plasmada por el pincel de un gran pintor! Cultivaba plantas de interiores en abundancia y con ellas llenaba de belleza, de vida y de frescura nuestra pequeña casa. Para cada comida ponía la mesa de manera especial y cuidadosa, con diferentes manteles, adornos, servilletas de tela (tejidas a mano y también bordadas en tela). Le gustaba usar su vajilla china y aun servía la salsa de tomate en un tazón precioso y pequeño con una cucharita de plata. (¡No había platos desechables en nuestra mesa, ni botellas o tarros!). En cada muro estaban colgados sus finos y hermosos bordados, tejidos con amor por sus propias manos.

Podría hablar de mi mamá sin cesar (¡y estoy segura de que lo mismo es cierto respecto a la tuya!). Esta mañana me sentí conmovida después que al bajar las escaleras observara nuestra mesa servida para el desayuno. Allí estaba, mi mesa servida con manteles individuales tejidos, cada uno acompañado de un juego completo de platos, de cubiertos de plata y una radiante servilleta de tela recogida en un aro, con una hermosa planta en el centro de la mesa colocada dentro de una guirnalda de velas entretejida con luces brillantes. Y la mesa contigua también estaba adornada con un gran tazón lleno de frutas frescas, como si algún pintor se dispusiera a pintarlas. De inmediato vinieron a mi mente dos pensamientos. El primero fue: *¡No puedo creerlo! ¡Es algo tan arraigado en mí! ¡Me cautiva la belleza de las cosas sencillas dispuestas con esmero!* Y el segundo fue: *¡Gracias, amada madre! ¡Te amo y le doy gracias a Dios por ti!*

Cómo se edifica un hogar

Quisiera compartir dos de mis proverbios favoritos (bueno, en realidad son cuatro) que resaltan la sabiduría que mi madre puso en práctica en su hogar y en la administración del mismo. Al leerlos verás con claridad que "edificar" o hacer un hogar es una señal de sabiduría en una mujer.

❧ La sabiduría edificó su casa (Pr. 9:1).

❧ La mujer sabia edifica su casa (Pr. 14:1)

❧ Con sabiduría se edificará la casa, y con prudencia se afirmará; y con ciencia se llenarán las cámaras de todo bien preciado y agradable (Pr. 24:3–4).

❧ Considera los caminos de su casa (Pr. 31:27).

Estos versículos inspirados por Dios nos enseñan a ti y a mí, como mujeres que buscan la sabiduría para cada necesidad, lo importante y necesario que es enfocarnos en nuestro hogar, el lugar donde vivimos. Sin importar si eres casada o soltera, hay un lugar donde vives. Y ese lugar debe ser un hogar. Y ese hogar debe ser "edificado" y cuidado.

Amada amiga, ¿dónde está tu corazón en lo concerniente a la edificación, el cuidado y la administración del hogar? ¿Te dedicas a hacerlo? ¿Al menos un poco? ¿Inviertes los talentos que Dios te dio y tu tiempo para cumplir con esta tarea suprema que Él te ha confiado? Admito que esto requiere esfuerzo, pero hay algunas consideraciones que mantienen mi corazón enfocado en mi hogar.

La oración: Permite trasladar el trabajo del hogar del mero ámbito material para elevarlo a la esfera de lo espiritual. La oración hace que nuestros corazones se inclinen a aceptar la voluntad de Dios para nuestra vida. De la misma manera, hace que nuestros deseos se amolden a la sabiduría de Dios y a su voluntad que es buena, agradable y perfecta. ¡Así que ora! Ora al levantarte. Ora al planear tu trabajo. Ora para que tu trabajo bendiga a quienes viven bajo tu techo. Ora al realizar tus labores. Ora para culminarlas. Ora a fin de hacer tu trabajo como para el Señor (Col. 3:23). Ora al terminarlo todo. Y al contemplar por fin los admirables logros de la obra de tus manos, ora en alabanza y acción de gracias a tu Dios que es sabio en todas las cosas. La oración endulza ¡y confirma! cada tarea que realizas.

Firmeza: Esto siempre ayuda. De hecho, ¡es vital! Hazte el firme propósito en tu corazón (¡y en oración!) de cumplir con fidelidad el plan que, en su sabiduría, Dios ha trazado para ti. Ahora bien, si la edificación de un hogar no es el deseo ardiente de tu corazón, toma la decisión de obedecer la voluntad de Dios sin importar lo que cueste. Luego confía en Él para recibir las bendiciones que ha decidido "derramar" en tu camino (Mal. 3:10) como resultado de tu obediencia. Está atenta a recibirlas, aguárdalas y anótalas una vez que se hagan realidad. Sigamos el ejemplo del salmista que dice: "Bendice, alma mía, a Jehová, *y no olvides ninguno* de sus beneficios" (Sal. 103:2, cursivas añadidas). ¡Una agenda te permitirá lograrlo!

Presencia: Es tu presencia en el hogar lo que permite su edificación, su cuidado y su cometido como fuente de gozo. Es verdad que la manera más fácil de sentirse en casa es permanecer en ella. Y en la medida en que tú y yo (amas de casa) estemos allí, podremos cuidarlo más y dedicar más tiempo para atenderlo. Mi esposo yo viajamos ¡muchísimo! Pero en realidad somos como dos palomas que siempre regresan a casa. Las personas son siempre muy cordiales y generosas al ofrecernos largas estadías, apartamentos con vista a la playa, visitas a islas para un corto descanso, y excursiones guiadas en diversos lugares. Sin embargo, lo cierto es que nuestros corazones siempre se inclinan hacia nuestra casa. Así, como un par de palomas que regresan al hogar, ¡volamos a casa! No importa en qué lugar nos encontremos, ¡estamos siempre ansiosos por volver a casa! Ahora bien, no malinterpretes mis palabras. Mi esposo y yo disfrutamos a plenitud nuestro ministerio y cada actividad que compartimos con nuestra familia en Cristo en cada lugar. Amamos de corazón a cada persona que conocemos y servimos. Y estamos agradecidos por los gestos de amor que recibimos de tantos hermanos en la fe. Sin embargo, en nosotros se cumple el antiguo adagio que dice: ¡Un pan viejo en casa es mejor que un filete asado por fuera!

Tiempo: ¡El tiempo es un punto clave para cuidar tu hogar o cualquier otra cosa! Estas son algunas reflexiones acerca de un huerto publicadas en mi libro *God's Wisdom for Little Girls* [Sabiduría de Dios para niñas]:[2]

> El huerto de una niña de Dios, ¡grandioso se ve!
> Empezó con un sueño, una oración, y un por qué.
> Nada tan hermoso sucedió por accidente,
> Toma tiempo y tesón ver las flores crecer.

Tú y yo sabemos que la verdad escondida detrás de estos versos se ajusta también al hogar, ¿no es así? De hecho, podríamos reemplazar la palabra *huerto* por *hogar*. Dedica tiempo al cuidado de tu hogar. Hazlo a diario. Pronto saborearás los deliciosos frutos de tu labor y tu deseo por dedicar más tiempo a tu hogar irá en aumento. ¡Tendrás algo grandioso! Y recuerda que nada grandioso o espléndido sucede *por accidente*. Toma *tiempo* y tesón ver un hogar crecer.

¿Aún conservas tu sueño, tu oración y tu por qué? ¡Entonces lo único que necesitas es tiempo!

Un hogar se edifica con cuidado

Ten en cuenta que al hablar sobre la edificación de un hogar no me refiero a gastar dinero. Al contrario, nuestro enfoque se centra en el cuidado, pues es así que se edifica un hogar. ¿Qué se requiere entonces para hacerlo? Como lo vimos en el anterior proverbio citado, se requiere sabiduría, prudencia y ciencia (Pr. 24:3–4). Se construye con prudencia y discreción permanentes. Asimismo, mediante una administración hábil basada en principios bíblicos e inteligentes.

El primer paso es entonces diseñar un programa detallado de acción para edificar el hogar. (Y tú ya lo tienes: El programa de Dios está en la Biblia). En seguida, debes trazar un plan (que también tienes: El plan de Dios está justo en la Biblia. Allí lo revela).

El segundo paso consiste en llevar a cabo el plan de Dios. Con frecuencia nuestros esfuerzos culminan de manera exitosa. Gracias a tu esfuerzo por orar y por trabajar (¡y a la gracia de Dios!), podrás edificar tu hogar, afianzarlo y colmarlo de bien a fin de glorificar a Dios y bendecir a otros. En efecto, si sigues el plan perfecto de Dios, tu hogar será lleno "de todo bien preciado y agradable" (Pr. 24:4).

¿A qué tipo de riquezas y tesoros se refiere? Al amor, al gozo, a la paz, a la bondad. A la abundancia de bienes espirituales. A la calma paciente y amorosa que aquieta el cuerpo y el espíritu. A las palabras que son "suavidad al alma y medicina para los huesos" (Pr. 16:24).

Sobre estas riquezas será fundado y edificado tu hogar si obedeces los principios eternos de Dios. Como lo dijo un antiguo erudito: "La mujer sabia edifica su casa sobre la piedad y la prudencia".[3]

Solo por hoy...

Los buenos hábitos se cultivan con un propósito determinado. Lo que quieres hacer hoy... y cada día, es cultivar hábitos, lo cual comprende (¡de manera muy especial!) el área del cuidado del hogar. ¿Por qué? Porque lo que eres en el hogar revela lo que eres en realidad. Así que...

❏ Solo por hoy... invierte cinco minutos en oración por tu hogar y por tu rol como ama de casa. Ora y medita en los pasajes que hemos estudiado en este capítulo. Dile al Señor que deseas ser una mujer sabia que edifica y cuida su casa. Luego pasa por cada una de las habitaciones de tu casa. Dedica algunos minutos a organizarlas de tal modo que luzcan limpias, ordenadas, agradables, acogedoras y cómodas. Asegúrate de que ofrezcan una sensación de placidez. A medida que pasas por cada habitación, piensa en cada persona que la ocupa y ora por ella. Repara en sus necesidades. Recuerda al pequeño niño del poema que cité al principio del capítulo, que se fijó ante todo en las personas que conformaban su hogar: "Tú, madre... y mi padre". Luego resaltó la importancia del lugar: Una mesa dispuesta, su cama (cubierta de suaves sábanas blancas), la calidez que le imprimía cada detalle sencillo... como una mesa y una lámpara.

❏ Solo por mañana... repite el mismo ejercicio anterior. Añade a estas manifestaciones de amor un plan para preparar las comidas de cada día. Piensa en la salud de los miembros de tu casa, en la nutrición y la energía que requieren. Traza un plan de tres comidas y refrigerios para cada persona (o solo dos comidas si nadie está en casa para el almuerzo o si almuerzan por fuera). No te olvides de ti misma. Al fin y al cabo, ¡es comprensible que seas *tú* quien necesite más energía que todos los demás! ¿Por qué? Porque *tú* eres el ama de casa. Sin tu presencia y sin tus esfuerzos ¡todo se desplomaría!

❏ Solo por esta semana… percibe lo que sientes a medida que cosechas la retribución de "edificar" y cuidar tu hogar. Si tienes una agenda, anota tus impresiones. Una sensación que tal vez experimentes es la fatiga. No obstante, ¡créeme que vale la pena! Tan solo imagina… amar tu casa por una semana, consentir a las personas que amas y el lugar que amas por siete días, ¡estando atenta a los pequeños detalles que hacen de una casa un verdadero hogar! Ten cuidado también de anotar en una lista las mejoras que debes realizar en tu casa y en tu labor como ama de casa. Toma nota de cada cosa que te impidió cumplir con tus tareas o que minó la energía indispensable para cuidar de tu altísimo y precioso llamado de edificar tu casa. ¿Fue tal vez la comida (por falta, por exceso o por su calidad)? ¿O la televisión? ¿O el teléfono? Si logras identificar los culpables de dicha situación entonces la semana siguiente será mejor. Permíteme darte otra sugerencia. Alguna vez escuché a alguien decir: "Cada persona llega a ser lo que lee". Así pues, compra o pide prestado un buen libro sobre la limpieza de tu hogar. Aprende un método que te permita ahorrar tiempo y obtener resultados con rapidez.

La verdad acerca de nuestras labores en el hogar es que estaremos ocupadas en ello durante mucho tiempo, ¡justo hasta el momento en que no podamos hacerlo más! Mientras vivamos, nuestro sitio será la casa, y ese lugar se convierte en la plataforma sobre la cual desarrollamos este papel de ama de casa que es tan importante, provechoso y significativo. Piensa por un momento en el sinnúmero de personas que podrás bendecir, ¡sin mencionar el gozo que recibirás de tu "hogar dulce hogar"!

En pos de un corazón sabio

Me siento un poco como quien dirige los vítores de algún equipo al acompañarte en toda esta labor y animarte a seguir adelante. En lo concerniente a tu vida y a tu trabajo como ama de casa quisiera animarte con estas palabras: "¡Hazlo! ¡Edifica tu casa! ¡Ámala!".

Sin embargo, hay una última palabra de ánimo que quiero darte: ¡Comunica todo lo que sabes! Si tienes hijas o nueras, o si conoces mujeres jóvenes en tu iglesia, comunícales lo que sabes y lo que has aprendido acerca del cuidado de tu hogar. Cada vez que visito las casas de mis dos hijas me asombran sus habilidades, la belleza de sus hogares y el orden que se percibe en cada rincón. Justo ayer pasé a recoger al pequeño Jacob, el hijo de Courtney, para llevarlo a su reunión infantil en la iglesia. ¿Y qué pude ver? La mesa de Courtney estaba arreglada con un mantel de colores blanco, rojo y azul acompañado por mantelitos individuales para cada persona. A cada lado de la mesa había una pequeña vela dentro de una lámpara. Y una pequeña rama de pino que había cortado del huerto perfumaba con su fragancia y añadía un toque de frescura a su acogedora casa.

¡Nunca olvidaré el primer día de acción de gracias de mi amada Catherine siendo casada! Nos invitó a Jim y a mí para una cena con pavo. Había servido la cena con un agradable sentido artístico y la sirvió en utensilios de peltre. En su mesa resplandecía un tapete de la temporada que la engalanaba a todo lo largo. Catherine también había esparcido pequeñas calabazas a todo lo largo y ancho de la mesa, algunas de las cuales habían sido perforadas para sostener las velas. Con gran deleite empleó la vajilla de su boda, los cubiertos de plata y las copas. Hasta el día de hoy cada vez que voy a su casa encuentro la mesa decorada con gran elegancia.

Luego pienso en mi madre… que me comunicó su amor por el cuidado del hogar. Pienso en mis hijas… ¡a quienes espero haber comunicado el mismo amor!, pues esa es mi oración y mi gratitud a Dios. Y por último, pienso en Taylor Jane y en Katie de tan solo cuatro y tres años de edad…

Y, vuelvo a decirlo, ¡comuniquémoslo a otros!

Más sabiduría sobre… tu hogar

La sabiduría edificó su casa, labró sus siete columnas.
Mató sus víctimas, mezcló su vino, y puso su mesa.
Proverbios 9:1–2

La mujer sabia edifica su casa; mas la necia
con sus manos la derriba.
Proverbios 14:1

Con sabiduría se edificará la casa, y con prudencia se
afirmará; y con ciencia se llenarán las cámaras de todo
bien preciado y agradable.
Proverbios 24:3–4

Considera los caminos de su casa,
y no come el pan de balde.
Proverbios 31:27

Las ancianas asimismo… enseñen a las mujeres jóvenes…
a ser… cuidadosas de su casa.
Tito 2:3–5

Sabiduría de Dios para… tu vida familiar

¿*Tomas* a este hombre
como tu legítimo esposo,
y prometes serle fiel
desde ahora en adelante,
en dicha y en dificultad,
en salud y en enfermedad,
en riqueza y en pobreza,
para amarlo y honrarlo,
de acuerdo con el santo mandato de Dios
hasta que la muerte los separe?[1]

Necesito ayuda con…
mi Matrimonio

sta mañana mi amado Jim me comentó: "¿Te das cuenta de que ya casi termina el año y que vamos a cumplir 38 años de matrimonio?". Al hablar acerca de este asombroso hecho inquiríamos sobre cómo había sido posible. ¿Cómo lo logramos? ¿Qué cosas hemos aprendido hasta ahora?

¿Cómo lo logramos? ¡Jim y yo no dudamos en reconocer que el cien por cien de un matrimonio de casi cuatro décadas es fruto de la preciosa gracia de Dios y de su incalculable poder transformador! Cada vez que meditamos en los difíciles comienzos de nuestro matrimonio y en haber estado alguna vez al borde del divorcio, solo puedo postrarme ante el Señor en completa adoración y gratitud.

¿Cómo lo logramos? Me causa risa pensar en una respuesta obvia: ¡Aprendimos a las malas! No obstante, podemos asegurar que luego nos esforzamos por hacerlo a la manera de *Dios*. Después de convertirnos en una familia cristiana (¡tras ocho años de recorrer un camino escabroso!), descubrimos en la Biblia lo que Dios dice acerca del matrimonio. Desde entonces nuestro anhelo ha sido practicar los principios eternos que el Creador del matrimonio ha establecido.

¿Qué cosas hemos aprendido hasta ahora? Una vez más me río al pensar en la respuesta: ¡Muchísimo! Hemos aprendido cantidades… ¡y aún hay mucho más por aprender cada día! A continuación voy a exponer lo que hemos aprendido hasta ahora.

Diez principios perdurables para una esposa

A medida que leas estos principios ten en cuenta ciertas cosas. Si eres una mujer casada y si tu esposo es cristiano (o también si no lo es), estas son algunas pautas que te permitirán ser una mejor esposa, es decir, el tipo de esposa que Dios quiere. Dichas pautas explican el papel que desempeñas y los propósitos de Dios para ti. Si no eres casada, de todas formas toma nota de los principios. ¿Por qué? Porque así estarás preparada para ayudar a otras mujeres en cualquier momento... ya que conoces la sabiduría de Dios respecto a las esposas. Hace un tiempo ejercía una labor de apoyo a mujeres jóvenes y profesionales durante viajes misioneros de una iglesia en el verano. Uno de los objetivos trazados era que las mujeres solteras enseñaran y comunicaran el plan de Dios para la mujer en la iglesia y el hogar en su papel de esposa y madre. Como puedes ver, los principios eternos de Dios funcionan para todas las esposas... en todo lugar.

1. Trabaja en equipo con tu esposo. Si tu esposo acostumbra mirar algún deporte en televisión es probable que conozcas un poco acerca de la importancia del trabajo en equipo. Este principio es esencial en el matrimonio más que en cualquier otra relación. El trabajo en equipo dentro del matrimonio exige que tanto el esposo como la esposa asuman las responsabilidades propias de liderar y de seguir, lo cual facilita el buen funcionamiento en el matrimonio. Dios le ordena al esposo liderar y a la esposa seguirle (1 Co. 11:3). Así pues, tu esposo está llamado a liderar, y tú, amada esposa, estás llamada a seguirle. Por ahora ¡retén este principio!

2. Aprende a comunicarte. Tal vez este principio explique el "cómo" del anterior. Para poder trabajar en equipo es necesario que ustedes como esposos tengan una buena comunicación. Y esto es algo que deben aprender. Tu tarea específica es aprender a comunicarte con tu esposo. Debes tener en cuenta que él es hombre y no mujer, de modo que la comunicación con él no puede funcionar como lo haría con tu hermana, tu madre o tus amigas. Tendrás que estar atenta al *momento* propicio para hablar con tu esposo, al mejor *tono* de voz que puedas emplear para hablarle, y a tu *lengua*. ¿Cuáles son las palabras más amables, sensatas y justas que puedes usar para hablar con tu amado esposo? La Biblia expone con claridad las llaves de la comunicación. Tus palabras deben ser...

... suaves: La blanda respuesta quita la ira (Pr. 15:1).

... dulces: La dulzura de labios aumenta el saber (Pr. 16:21).

... apropiadas: Suavidad al alma y medicina para los huesos (Pr. 16:24).

... pocas: En las muchas palabras no falta pecado (Pr. 10:19).

... pausadas: Todo hombre sea pronto para oír, tardo para hablar, tardo para airarse (Stg. 1:19).

3. *Disfruta la intimidad.* No solo la comunicación verbal es clave para el matrimonio, sino también la comunicación física. La intimidad sexual para el matrimonio fue diseñada por Dios. ¿Por qué? ¿Cómo? Aquí presento algunas respuestas.

Fue declarada por Dios. Él determinó que tú y tu esposo dejaran a sus padres para unirse como "una sola carne" (Gn. 2:24–25). El objetivo de Dios es que ustedes, que son dos seres incompletos, se unan en matrimonio y mediante la unión sexual lleguen a ser un solo ser completo.

La procreación. Dios desea que la unidad lograda entre los esposos mediante la intimidad sexual traiga descendencia para una nueva generación que a su vez se multiplique y llene la tierra (Gn. 1:27–28).

El placer. La intimidad sexual también fue diseñada por Dios para proveer placer a la pareja (Pr. 5:15–19). Este placer es fruto de la decisión de cada cónyuge de servir y entregarse al otro (1 Co. 7:5).

La pureza. El sexo en el matrimonio es puro (He. 13:4) y constituye una protección frente a la tentación sexual. En ese sentido preserva la pureza tanto del esposo como de la esposa (1 Co. 7:2).

El compañerismo. Cada cónyuge tiene la responsabilidad delegada por Dios de suplir las necesidades físicas del otro, así como de ver suplidas las suyas (1 Co. 7:3–4).

La protección. El sexo en el matrimonio protege contra la lujuria, la tentación y las artimañas mundanas y seductoras de Satanás (1 Co. 7:5).

4. Administra bien el dinero. Mi esposo escribe y enseña sobre el matrimonio, y le escucho decir con frecuencia que detrás de casi cualquier argumento en un conflicto de pareja se esconde algo relacionado con las finanzas. Es innegable que el dinero es fuente de múltiples tensiones, en el sentido de su uso y de la falta del mismo. ¿Qué puedes hacer como esposa? Algo que ayuda mucho es tener un corazón contento (Fil. 4:11–13). El contentamiento te permite ver algo y decir: "Puedo vivir con o sin esto. ¡En realidad no me afecta en lo más mínimo! Estoy contenta en el Señor". Esa actitud facilitará en gran medida las cosas en el departamento financiero del hogar. Además, el manejo del dinero constituye una excelente oportunidad para ejercitar la paciencia y desarrollar la confianza en Dios, así como las habilidades comunicativas con tu esposo. Por otro lado, es conveniente que aprendas a administrar el dinero, a hacer un presupuesto, a ahorrar, a llevar cuentas y a dar. Escoge algún libro sobre el tema… ¡y aprende!

5. Mantén tu casa en orden. Tu casa refleja tu madurez espiritual, así como tu cuidado y tu carácter, seas casada o soltera. Si eres casada, constituye el punto central de tu matrimonio y de tu familia. Las condiciones en que se encuentre revela mucho acerca de ti misma y causa una impresión que perdura en tus amigos, vecinos y miembros de tu iglesia, así como en tu esposo. También revela tu esmero o descuido frente al hogar y a las personas que lo habitan. ¡Qué área tan esencial para una esposa! Trata con sumo cuidado el ambiente de tu casa. Ámala (Tit. 2:5), pues de eso depende en gran medida tu disposición para cuidarla. Toma la determinación de velar por los caminos de tu casa (Pr. 31:27).

6. Cría a tus hijos. Esta es otra área que demanda una buena comunicación. Lo más común es que la mamá pase el día con los niños en la casa para educarlos y disciplinarlos… y luego llega el papá para hacerlo a su manera… ¡y los diferentes estilos muchas veces no coinciden! La crianza de los hijos es un área de posibles conflictos que requiere una buena comunicación. El propósito es conocer lo que la Biblia dice acerca de la crianza y la instrucción de los hijos, hablar acerca de ello con el esposo… y luego estar atentos a hacerle mejoras al plan.

¿Por qué? ¡Porque las cosas cambian sin cesar! Las continuas exigencias del aprendizaje y del crecimiento, el desarrollo de los niños a lo largo de cada etapa, y las influencias externas (provenientes de amigos, la escuela, los vecinos, los colegas de trabajo, los compañeros y entrenadores de deportes) nos confrontan a diario. Es indiscutible que será necesario hablar mucho con tu esposo acerca de todas estas cosas casi a diario… ¡y por mucho tiempo! Así pues, recuerda las llaves de Dios para una buena comunicación (puedes repasar el principio número 2). Estás llamada a criar a tus hijos e instruirlos en el camino del Señor (Pr.

22:6, Ef. 6:4) y esa tarea exige de ti y de tu esposo una buena comunicación, un acuerdo mutuo, actuar en unidad y estar dispuestos a hacer ajustes a lo largo del camino.

7. *Aparta tiempo para la diversión.* Jim y yo trabajamos duro… ¡muy duro! No obstante, apartamos tiempo para divertirnos. Con frecuencia anotamos en nuestra agenda actividades recreativas y de nuestro interés, así como la práctica de algún pasatiempo, ya sea juntos o cada uno de manera individual. Nos fascina hacer caminatas en el bosque, remar juntos en canoa o dar un paseo en bote cada vez que el clima lo permite. También nos divertimos al pasar por los mercados de pulgas o tiendas de cachivaches en busca de "tesoros" usados. Nos divierte recorrer el vestíbulo de los hoteles famosos que nunca podríamos pagar. (Lo más divertido es tomar allí un café, sentarnos, disfrutar cada sorbo, fingir… y disfrutar así del espléndido ambiente ¡por el precio de dos tazas de café!). ¿Qué les divierte a ti y a tu esposo? ¿Tal vez armar rompecabezas? ¿Salir en bicicleta? ¿O quizás necesitas comunicarte con tu esposo a fin de planear las actividades divertidas, así como el tiempo y la manera de realizarlas?

8. *Sirve al Señor.* Nada es más saludable (¡ni provechoso!) para una pareja que servir al Señor juntos. Además de asistir a las reuniones de adoración en la iglesia, el servicio a Dios es saludable porque les permite enfocarse en otras personas a quienes pueden ayudar y bendecir. Como pareja, ¡Jim y yo hemos organizado, lavado y limpiado cuantas veces y cuantos platos de la iglesia podamos imaginar! Asimismo, hemos ayudado a construir y pintar las instalaciones, a plantar, a cocinar, a hacer mudanzas, a visitar personas, a dar, a servir, a hospedar… en fin, lo hemos hecho tanto en nuestra iglesia como en la comunidad. ¿De qué manera pueden tú y tu esposo servir al Señor y a su pueblo?

9. *Sirve a otros.* Servir al Señor y servir a otros son acciones que van de la mano. ¡Poder trabajar juntos para servir a los hermanos

y vecinos es un gran privilegio! Si pones en práctica los otros principios perdurables para el matrimonio, tú y tu esposo serán un ejemplo de la presencia de Cristo y de un matrimonio cristiano ante un mundo incrédulo. Si abren sus corazones y su hogar para acoger a otras personas y a sus hijos que los visitan, podrán demostrarles el amor de Cristo.

Solo por hoy...

¡Aquí están los nueve principios (¡he dejado uno para el final!) perdurables para tu vida y tu matrimonio! En muchos sentidos te impulsarán a meditar, ¿no es así? Asimismo, deberás ponerlos en práctica... pues algo tan grandioso como un matrimonio que glorifique a Dios no se logrará sin esfuerzo. Cada principio hace parte del plan de Dios para fortalecer tu matrimonio. Por lo tanto, selecciona algunos y empieza a abrazarlos en tu matrimonio. ¡Y prepárate para ver cambios no solo en tu actitud sino también en la de tu esposo!

❑ Solo por hoy... revisa los nueve principios anteriores y el que aparece al final del capítulo. Anótalos en tarjetas pequeñas. Llévalas contigo para repasarlas con frecuencia, si es posible cada hora. En pocas palabras, sigue el consejo de Salomón: "Átalas a tu cuello, escríbelas en la tabla de tu corazón" (Pr. 3:3). Además de esto identifica el principio que más te inquieta, en el cual tropiezas o que es fuente de conflicto con tu esposo. Ora, amada mía... y céntrate en ese principio a fin de practicar la sabiduría de Dios para tu vida y tu matrimonio.

❑ Solo por mañana... ¡pon a trabajar tu cerebro! ¿Tal vez puedes preparar la comida favorita de tu esposo? ¿O escribirle una nota de amor para poner en su maletín o en su bolsillo? ¿Puedes pensar en tres halagos para expresarle a tu esposo... y decírselos? ¿Podrías planear una cena romántica solo para los dos después de acostar a los niños? ¡Piensa! ¡Planea! ¡Y actúa!

❏ Solo por esta semana… lee cada día las ideas que presento a continuación para meditar en su enseñanza y en la actitud de tu corazón frente a ellas.

&- Haz de tu matrimonio una prioridad.

&- Pídele a Dios sabiduría.

&- Respeta y honra a tu esposo.

&- ¡Reconoce que el matrimonio es un libro con muchos "capítulos"!

&- Invierte gran parte del tiempo en tu matrimonio.

&- Ten en cuenta las llaves de Dios para lograr una buena comunicación.

&- Aprende cada vez más acerca de tu papel como esposa.

&- ¡Disfruta de la compañía de tu esposo y del precioso don del matrimonio!

En pos de un corazón sabio

Y ahora, ¡la llave más importante para alcanzar la sabiduría! Ya que tu deseo es buscar un corazón sabio y tener un mejor matrimonio, no olvides…

10. *Crecer en el Señor*. Lo mejor que puedes hacer para transformar tu matrimonio es crecer en tu vida espiritual. Esto te permitirá ser un gran apoyo para tu esposo, pues te facultará para escucharle y dar consejos sabios. Aun si tienes un matrimonio complicado o pasas por tiempos de dificultad, la fiel solicitud en tu crecimiento en el Señor te dará la sabiduría para manejar cada problema. Tu crecimiento espiritual impregnará cada área de tu vida y es esencial para el bienestar de tu esposo, de tu matrimonio y de tu familia. Estoy segura

de que tú anhelas tanto como yo seguir el ejemplo de la mujer de Proverbios 31, que temía y honraba al Señor y recibía la alabanza de su esposo (Pr. 31:28–30). La mejor forma de convertirte en una esposa piadosa ¡y sabia! es crecer en el Señor sin cesar.

Más sabiduría sobre...
tu matrimonio

Y dijo Jehová Dios: No es bueno que el hombre esté solo; le haré ayuda idónea para él.
Génesis 2:18

Por tanto, dejará el hombre a su padre y a su madre, y se unirá a su mujer, y serán una sola carne... por tanto, lo que Dios juntó, no lo separe el hombre.
Génesis 2:24 y Mateo 19:5–6

Mejores son dos que uno; porque tienen mejor paga de su trabajo. Porque si cayeren, el uno levantará a su compañero.
Eclesiastés 4:9–10

la mujer respete a su marido.
Efesios 5:33

El marido cumpla con la mujer el deber conyugal, y asimismo la mujer con el marido.
1 Corintios 7:3

La madre de corazón obediente a Dios,
colmada de fe y "consagrada" al Señor y a su familia
dedicará su tiempo, su energía y su vida para fructificar al
máximo en la notable tarea de educar a sus hijos y
cumplir así su deber maternal.

—*Elizabeth George*

Necesito ayuda con…
mis *Hijos*

*D*urante los numerosos años de matrimonio mi esposo Jim ha pasado una gran cantidad de tiempo lejos de casa. Algunas de sus actividades incluían su compromiso con las misiones, las actividades periódicas en el ejército nacional, como pastor de visitación, en la labor de evangelización y alcance, además de sus clases en el seminario en la noche y la enseñanza en un instituto bíblico, las cuales fueron el motivo de tantas ausencias… y me condujeron a estar sola en casa con mis dos hijas durante sus años de crecimiento.

Podemos preguntarnos: ¿Qué ha de hacer entonces una madre joven?

Sabiduría para una madre piadosa

A fin de buscar consejo para criar a mis dos pequeñas hijas en ausencia de su padre, leí varias biografías de Ruth Graham, esposa de Billy Graham. Supe que por muchos años en su matrimonio el gran evangelista Billy Graham debía estar lejos del hogar durante meses. ¡Sabía que la señora Graham aportaría sabiduría práctica a mi vida para enfrentar la ausencia de mi esposo!

De modo que leí. Leí… y aprendí… que la señora Graham amaba Proverbios… lo leía a diario… extrajo muchos principios de este libro para criar a sus hijos… mantenía su Biblia abierta en

Proverbios en la mesa de la cocina todo el día y todos los días... y con frecuencia se sentaba para buscar la sabiduría de Dios allí, cada vez que necesitaba dirección divina para tratar a sus cinco hijos sin la presencia ni la dirección de su esposo.

Sabiduría divina

Seguí el consejo que encontré en el libro de la señora Graham, una mujer con mayor experiencia que yo, y acudí a mi Biblia. De manera específica, me volví a Proverbios, al igual que ella. Cada día en mi lectura del "proverbio del día" (tal como lo expuse en el capítulo sobre "mi Biblia"), busqué proverbios que hablaran acerca de las madres y la maternidad, de los padres y la paternidad, de los hijos y la crianza. Hasta el día de hoy dichos versículos están marcados en mi Biblia (¡si bien es obvio que los años han borrado las marcas de tinta!). Y fueron mi guía diaria durante el período en que fui una madre joven con niños pequeños en casa. ¡Y aún me acompañan, pues mis dos hijas están en ese momento de sus vidas ahora y ponen en práctica los mismos principios!

Si como madre necesitas sabiduría para criar a tus hijos (¡y eso es cierto para todas las madres!), considera entonces...

Diez principios perdurables para la crianza de los hijos

1. Enséñales a tus hijos. Este principio no solo ocupa un lugar notable en Proverbios (1:8) ¡sino que aparece de manera reiterada! Yo misma he contado por lo menos veinte ocasiones en las cuales se menciona en Proverbios alguna forma de enseñanza de los padres.

Dios no te pide que tengas un diploma en educación, ni credenciales o experiencia. Sin embargo, es indiscutible que te pide enseñar a tus hijos. En efecto, la enseñanza parece ser el deber número uno de todo padre cristiano. La Biblia nos dice que si amamos a nuestros hijos debemos corregirlos (Pr. 13:24). Eso también significa que debemos *enseñarles*. Y al igual que la disciplina ¡cuanto más temprano mejor!

También me gustaría añadir: "¡Enséñales sin importar lo que pase!". Las mamás me dicen todo el tiempo: "Mis hijos no quieren hacer los estudios bíblicos en familia. No quieren sentarse ni escucharme mientras leo la Biblia o libros de historias bíblicas". Amada mamá, mi respuesta es siempre la misma: "Dale a tus hijos lo que necesitan, no lo que desean". Tú eres la mamá. Tú eres el adulto responsable. Tú sabes lo que es mejor para ellos y la sabiduría que necesitan para afrontar el futuro. La enseñanza constante de tus hijos constituye la base de información (que es la verdad de Dios) sobre la cual pueden vivir sus vidas (según Dios). Tu enseñanza los faculta para manejar sus vidas con sabiduría y prevenir así muchos errores y desdichas. Por consiguiente, una madre sabia hace cada día lo necesario para que sus hijos escuchen la instrucción y los mandamientos (o la Torah, que significa la ley o la Palabra de Dios. Pr. 1:8 y 6:20).

2. Instruye a tus hijos. "Instruye al niño en su camino, y aun cuando fuere viejo no se apartará de él" (Pr. 22:6). Esa es la Palabra de Dios que debes atesorar en tu corazón, amada mamá. Esto es lo que pienso: *Si Dios dice que debemos instruir a nuestros hijos, ¡entonces yo lo hago!*

La interpretación más conocida de este versículo es que si un padre instruye a su hijo de manera adecuada, este seguirá más adelante el camino de Dios. Es evidente que hay excepciones. No obstante, el principio permanece. Así que, ante todo y por la fe debemos instruir a nuestros hijos. Y debemos hacerlo primero en *el camino de Dios*. De ahí en adelante también los instruimos según sus talentos naturales, así como sus inclinaciones o disposiciones individuales.

¿Qué requiere dicha instrucción por parte de la madre? Más que cualquier otra cosa, *un corazón obediente* que atienda al mandato de Dios de instruir a sus hijos.

Por otro lado, requiere *un corazón lleno de fe*. Como madres debemos creer que nuestra instrucción es definitiva… solo porque Dios lo dice, sin importar lo oscuro o desalentador que puedan parecer las cosas ni cuán misterioso o angustioso se torna en ocasiones el camino de la crianza. También requiere un *corazón consagrado*. En efecto, una de las palabras que traducen la expresión "instruir" es "consagrar", que en este caso es tu hijo y tu hogar al Señor.[1] De ese modo tu hijo nunca se apartará de Él aunque alcance la madurez. Por tanto, olvida los obstáculos, lo estéril que parezca, el cansancio o cualquier asomo de desesperanza. No importa si tu instrucción diligente parece no llevar fruto. Una madre cuyo corazón es obediente, lleno de fe y "consagrado" al Señor y a su familia invertirá su tiempo, sus fuerzas y su vida para gozar del privilegio de criar a sus hijos y cumplir así su deber como madre.

3. *Educa a tus hijos.* Este es el mandato de Proverbios 10:1: "El hijo sabio alegra al padre, pero el hijo necio es tristeza de su madre". (Algún comentarista afirmó: "Cualquier hijo podría convertirse en un Pablo o en un Judas, con todo el gozo o la pena que esto significa"[2]). Meditemos en esta pregunta: ¿Cuánta sabiduría deberán transmitir los padres a un hijo a fin de que sea sabio y no necio? Salomón resalta el aspecto de la educación para el trabajo.

> La mano negligente empobrece; mas la mano de los diligentes enriquece. El que recoge en el verano es hombre entendido; el que duerme en el tiempo de la siega es hijo que avergüenza (Pr. 10:4–5).

Según Salomón, un adulto sabio es aquel que vence la pereza y la indiferencia y aprende a ser diligente y activo en su trabajo. Una persona sabia conoce bien el momento para trabajar, la manera de hacerlo y de invertir sus fuerzas, así como el momento para descansar y aprovechar cada oportunidad que le ofrece el día. Asimismo, sabe cómo empezar un proyecto, cómo progresar en él y cómo culminarlo. Al hacerlo, la persona sabia se deleita en el éxito y en las recompensas que le ofrece una labor diligente. Por consiguiente, una madre diligente y sabia educa a sus hijos

para que sean diligentes y no perezosos, para trabajar en vez de
haraganear, para concluir los planes en lugar de quedarse en sueños
y perder el tiempo, para caminar con un rumbo fijo en vez de
vagar, para profundizar en las cosas y no conformarse con lo
superficial. ¿Cómo es posible que una madre oriente a sus hijos
en esta dirección? Por medio de…

… una comunicación clara acerca de la tarea o del trabajo que
debe realizarse,

… labores apropiadas según la edad,

… instrucciones específicas acerca de los resultados esperados
y del plazo establecido,

… una enseñanza clara acerca de la manera como el hijo debe
realizar la tarea asignada,

… el cumplimiento con las normas establecidas para realizarla,

… la repetición del trabajo si no cumple con dichas normas,

… la revisión de las instrucciones cada vez que se delega una
tarea,

… la confirmación de que la ha terminado,

… un reporte verbal por parte del hijo,

… la aprobación por parte de la madre,

… el ajuste de lo que haya quedado inconcluso,

… recompensas (pueden ser elogios, aplausos, sonrisas,
abrazos, un descanso, contarle a otros, una nota de

felicitación sobre la almohada o el escritorio, una calcomanía de estrella para pegar, privilegios al andar en el auto en función de la edad. Otras recompensas como comida: "Vamos a tomar un refrigerio después que guardes todos tus juguetes", y diversión: "Iremos al parque o a nadar… " o "puedes ir a visitar a tus amigos… después de terminar tus tareas").

Es posible que nuestra enseñanza diligente de una ética firme a nuestros hijos los impulse algún día a decir, como lo hizo Juan Wesley, fundador de la iglesia metodista y un hombre consagrado a Dios y al trabajo arduo: "El ocio y yo nos hemos separado para siempre. He resuelto estar ocupado hasta que muera".[3]

4. *Corrige a tus hijos.* ¡Es imposible eludir este claro mensaje de la Biblia! De hecho, Proverbios exclama a cada padre: "El que detiene el castigo, a su hijo aborrece; mas el que lo ama, desde temprano lo corrige" (Pr. 13:24). "Castiga a tu hijo en tanto que hay esperanza" (19:18). (¡Siempre me gusta imaginar en este versículo un signo de admiración en señal de urgencia!). Al corregir a nuestros hijos en realidad seguimos los pasos de nuestro Padre celestial: "Porque Jehová al que ama castiga, como el padre al hijo a quien quiere" (3:12).

¿Por qué corregimos a nuestros hijos amados? Ante todo, lo hacemos porque Dios lo ordena. Proverbios declara de nuevo y manda: "No rehúses corregir al muchacho" (23:13). Asimismo, porque: "La necedad está ligada en el corazón del muchacho; mas la vara de la corrección la alejará de él" (22:15). "La vara y la corrección dan sabiduría; mas el muchacho consentido avergonzará a su madre" (29:15).

Amada mamá, esto es difícil de comprender y aún más difícil de cumplir. No obstante, si fracasamos en la corrección y la disciplina de nuestros hijos en realidad les hacemos un daño. Si rehuimos esta responsabilidad optamos por criar a un necio y lo sentenciamos a una vida llena de dolor, de emociones fuera de

control, de insensatez, de aflicción y de consecuencias desastrosas.
En pocas palabras, la sabiduría de Dios para las madres dice…

🕊 Disciplina a tus hijos,

🕊 Disciplínalos mientras sean pequeños,

🕊 Disciplínalos con persistencia y coherencia, y

🕊 Disciplínalos con amor.

¡Es de esperar que tus hijos protesten, lloren, se resistan, discutan y expresen con fuerza sus emociones! Eso es normal. Cuenta con eso… y prepárate para enfrentarlo (¡otra cosa que hace una madre inteligente!). Recuerda además que una madre sabia no permite que tal oposición la desespere o la haga desistir en su determinación de corregir las conductas equivocadas. ¡Salomón nos anima, pues si bien el niño llora, "no morirá" (23:13)!

Solo por hoy…

Enseñar. Instruir. Educar. Corregir. ¡Todo esto parece un gran reto que durará toda la vida! ¡Y lo es! No obstante, al igual que cualquier otro aspecto de la sabiduría, podemos aprenderlo un día a la vez. ¿Qué puedes hacer entonces… solo por hoy? Voy a incluir otras sugerencias en el próximo capítulo sobre la sabiduría para las madres, de modo que solo presento aquí unos pocos ejercicios prácticos.

❏ Solo por hoy… escoge algún momento del día, un lugar y un pasaje de la Biblia para leerlo en voz alta con tus hijos.

❏ Solo por mañana… prepárate para seguir la lista de "instrucciones" de la página 125 a fin de educar a tus hijos en el arte del trabajo y en un estilo de vida diligente.

❑ Solo por esta semana... habla sobre la corrección de los hijos con tu esposo. Si no hay un padre en la familia, busca el consejo de tu pastor o de una mujer con mayor experiencia que tú. También busca y escoge en una librería cristiana algún libro sobre estos principios indispensables para la crianza que tanto nos atemorizan.

En pos de un corazón sabio

Amo a cada madre cuyos hijos son bebés o aun estudiantes de secundaria. De hecho, amo a todas las mujeres. Sin embargo, de algún modo aquellas llenan de ánimo mi corazón. ¿Por qué? Porque son tan enseñables. Carecen de orgullo. No dan lugar a la pereza en sus vidas. ¡Están ávidas por aprender! Y deseosas de recibir ayuda. Buscan información. Están de veras *en* la carrera y la *corren* (¡cada minuto de cada día!). Viven cada segundo y cada instante con intensidad. Día tras día luchan por encontrar la sabiduría, los métodos, las habilidades y los procedimientos correctos para formar la siguiente generación para Dios y para el mundo. Tienen un corazón que en verdad va en pos de la sabiduría de Dios en su papel como madres.

¿Amada lectora, eres tú una de esas mujeres? ¡Pues estás siempre en mis oraciones! Es mi oración que la Palabra de Dios presentada en este libro te anime a seguir adelante, a levantarte una vez más, un día más, y a buscar en el Señor la sabiduría y la fuerza (Pr. 3:6 y Stg. 1:5), a perseverar por la fe convencida de que haces lo correcto porque Dios te lo ha ordenado. Cobra ánimo, y ¡obedece al llamado de Dios para tu vida!

También es probable que seas una mujer mayor, amada lectora, y te preguntas: *Bueno, este capítulo no dice nada para mí. Yo ya cumplí con la crianza de mis hijos. ¿Acaso van a enseñar algo relevante para mi vida?*

En efecto, tengo algo para ti (y que también es útil para mí como abuela de cinco nietos). Y no procede de mí sino de Dios. Se trata de una palabra de sabiduría para mujeres como tú y como yo que se encuentra en su Palabra. Él nos ordena, como "ancianas" en la iglesia, a enseñar "a las mujeres jóvenes a amar… a sus hijos" (Tit. 2:3–4).

Amada madre experimentada y sabia, ¡cumple la Palabra de Dios comunicando a otras mujeres lo que sabes acerca de la crianza de los hijos! ¡Serás una heroína… y salvarás vidas también! Además, ¡cumplirás con el llamado de Dios para tu vida!

Más sabiduría sobre… tus hijos

Y estas palabras que yo te mando hoy, estarán sobre tu corazón; y las repetirás a tus hijos, y hablarás de ellas estando en tu casa, y andando por el camino, y al acostarte, y cuando te levantes.
Deuteronomio 6:6–7

Instruye al niño en su camino,
y aun cuando fuere viejo no se apartará de él.
Proverbios 22:6

Dame, hijo mío, tu corazón,
y miren tus ojos por mis caminos.
Proverbios 23:26

Padres, no exasperéis a vuestros hijos,
para que no se desalienten.
Colosenses 3:21

Pero persiste tú en lo que has aprendido y te persuadiste, sabiendo… que desde la niñez has sabido las Sagradas Escrituras, las cuales te pueden hacer sabio para la salvación por la fe que es en Cristo Jesús.
2 Timoteo 3:14–15

No existe una ocupación más noble que la maternidad
vivida a plenitud... ni una cima más alta alcanzable por la
humanidad aparte de la que ostenta una madre cristiana
que ora y vive por la inspiración celestial.[1]

—*Elisabeth Elliot*

Necesito más ayuda con...
mis *Hijos*

¡Lo prometido es deuda! Y yo te prometí explicar
los "diez principios perdurables para la crianza".
Así que sigo adelante con los demás. Elevemos una oración para
continuar nuestra lista de pautas para la crianza según Dios. Ya
hemos estudiado el mandato de enseñar, instruir, educar y corregir
a nuestros hijos. Veamos los siguientes.

5. *Estima a tus hijos*. Proverbios señala de principio a fin esta
hermosa actitud que reside en el corazón de una madre piadosa
hacia sus hijos. Por ejemplo:

🌿 Salomón, el autor de la mayoría de los proverbios, se
describió a sí mismo como un hombre amado, el tesoro
de su madre y el objeto de su más tierno cuidado: "Delicado
y único delante de mi madre" (Pr. 4:3).

🌿 La madre que menciona Proverbios 31:2 dijo con gran
emoción: "¿Qué, hijo mío? ¿Y qué, hijo de mi vientre? ¿Y
qué, hijo de mis deseos?". Tan importante era para su
madre aquel hijo amado que lo había consagrado a Dios.[2]
Sus palabras resuenan en cada frase a medida que se
intensifica su emoción.[3] El suyo era un hijo
(personalmente) nacido de ella (físicamente) y consagrado
a Dios (espiritualmente).

❧ En el primer capítulo de 1 Samuel encontramos la historia de Ana, una mujer que anheló tanto un hijo al punto de llorar en desesperación y abstenerse de alimentos (v. 7). Le dijo a Dios en una oración angustiosa: "si te dignares mirar a la aflicción de tu sierva, y te acordares de mí, y no te olvidares de tu sierva, sino que dieres a tu sierva un hijo varón, yo lo dedicaré a Jehová todos los días de su vida" (v. 11).

Hay dos enseñanzas para las madres que se derivan de este pasaje. En relación con los hijos, cada uno debe saber que tiene un lugar especial en el corazón de su madre. Si eres madre, amada amiga, ¿cada uno de tus hijos sabe que es estimado, amado y precioso para ti? Por otro lado, debes consagrar a tus hijos a Dios para ser usados por Él según su buena voluntad y enviados doquiera que Él desee. ¿Tu amor ha alcanzado su cima al estar dispuesta a consagrarlos sin reservas?

6. *Cuida de tus hijos*. Podría sorprenderte (o escandalizarte) saber que tantas madres cristianas desatienden este aspecto esencial del cuidado tierno y amoroso. No obstante, uno de los principios de sabiduría para las madres comprende el cuidado diario de sus hijos. Ahora bien, esta es otra manera de seguir el ejemplo amoroso de Dios. Como a sus hijos, Él nos alimenta, nos viste, calma nuestra sed y nos da descanso (Mt. 6:25–32 y 11:28)... y nosotros debemos hacer lo mismo por nuestros hijos. En la vida de la mujer ideal de Dios en Proverbios 31, ¡que también era madre!, vemos que sus tareas diarias comprendían la alimentación de su familia (v. 15) y la preocupación por su vestido (v. 21).

Ahora te pregunto: ¿Cómo evalúas tu propia vida a la luz del amor y del cuidado que Dios demanda para tus hijos? ¡Admito que a veces esto es lo último que quisiéramos considerar en nuestros días cargados de afanes y ocupaciones! Sin embargo, mi búsqueda de la sabiduría me condujo a cambiar el orden de las cosas. Y te invito a hacer lo mismo. Por ejemplo, en vez de dejar para el último minuto la planeación del menú y de las comidas, hazlo primero. Luego alista todo lo que sea posible temprano en la mañana. Imita al Señor, que no solo sabe lo que necesita ¡sino que continúa hasta proveerlo! Haz de esto una prioridad. Así es como actúa una madre sabia.

(Una pequeña observación adicional: A fin de ser en verdad sabia, planea tus comidas y haz tu lista de compras para toda la semana. Acostumbro hacerlo el domingo en la noche con mi agenda, mi lista de compras y mi recetario en mano.)

7. *Está atenta a tus hijos.* No siempre es fácil brindarles atención a nuestros hijos. ¡Estamos tan ocupadas! ¡Hay tanto por hacer! Y en algunos casos ¡hay tantos niños para cuidar! Que de algún modo fallamos en atenderlos. Ahora bien, es cierto que si no les brindamos la atención necesaria, ellos de alguna manera nos lo harán notar.

Proverbios enseña acerca de la necesidad de estar atentas al desarrollo de nuestros hijos y a sus amigos. ¿Por qué? Porque las conductas que señalan peligro a una madre sabia están justo frente a su nariz. ¡Lo único que debe hacer es prestarles atención!

Aprende lo que enseñan estos proverbios:

> "Aun el muchacho es conocido por sus hechos, si su conducta fuere limpia y recta" (20:11). No nos llevaremos sorpresas en el desarrollo del carácter de nuestros hijos… ¡si permanecemos atentas! Las inclinaciones naturales de una persona se revelan en los primeros años de la vida. Así pues, ¡abre tus ojos, madre! ¿Qué pasa con tus hijos?

> "Sé diligente en conocer el estado de tus ovejas, y mira con cuidado por tus rebaños" (27:23). Las madres debemos cuidar a nuestras ovejas que son nuestros hijos con tal diligencia que supere la de un buen pastor con su rebaño.

"El que guarda la ley es hijo prudente; mas el que es compañero de glotones avergüenza a su padre" (28:7). ¿Quiénes son los mejores amigos de tus hijos? ¿Son obedientes a la ley de Dios... o necios que son "buenos para nada" (otra traducción para glotones)? ¡Una madre sabia está atenta a los amigos de sus hijos!

"La vara y la corrección dan sabiduría; mas el muchacho consentido avergonzará a su madre" (29:15). Los hijos que crecen con disciplina llegan a ser sabios. Por el contrario, aquellos que son abandonados a su suerte para hacer lo que les place o deducir las cosas por sí mismos están sentenciados a convertirse en adultos insensatos y carentes de toda disciplina. Las madres sabias buscan el efecto contrario: "Corrige a tu hijo, y te dará descanso, y dará alegría a tu alma" (29:17).

8. *Busca la paz en tu hogar*. ¡Aquí ofrezco un gran precepto de crianza que me sacó de apuros respecto a las peleas entre mis dos hijas! Lo llamo "los tres principios" para lograr la paz en el hogar: Echar suertes, corregir y sacar al elemento perturbador.

Echar suertes: "La suerte pone fin a los pleitos, y decide entre los poderosos" (Pr. 18:18). En los días en que fue escrito Proverbios, echar suertes era un método para determinar la voluntad de Dios y resolver asuntos entre varias partes.

Hoy día, las madres tienen que resolver con frecuencia asuntos entre hermanos en cada familia. En nuestro hogar yo utilicé el antiguo método de echar suertes con pajillas para dibujar. Este sistema se puede emplear, por ejemplo, en caso de que alguien deba realizar una tarea poco agradable, o para distribuir copas de helado de diferentes tamaños, o para organizar las conversaciones familiares en que presentan opiniones diversas. Echar suertes con pajillas u otro elemento permite que cada miembro de la familia tenga una oportunidad y la contienda cesa, pues cada uno reconoce en este un método justo para tomar decisiones. Como *recompensa* verás que reina la paz entre los hermanos sin necesidad de recurrir a la fuerza (¡o por lo menos a los gritos!)

Corregir: "Corrige a tu hijo, y te dará descanso, y dará alegría a tu alma" (Pr. 29:17). En otras palabras, un hijo que se disciplina de manera justa traerá gozo y descanso a tu corazón, en vez de ansiedad y dolores de cabeza. ¡Las tensiones que crecen en el hogar podrían ser un síntoma de que alguien necesita algún tipo de disciplina! Tu hogar debe ser un lugar de paz. Corrige entonces a tu hijo y disfruta la paz, la tranquilidad y el descanso que vienen.

Sacar al elemento perturbador: "Echa fuera al escarnecedor, y saldrá la contienda, y cesará el pleito y la afrenta" (Pr. 22:10). ¿Alguno de los niños disputa? ¿Empuja? ¿Busca pelea? o ¿se vislumbra una contienda? Envía a su habitación al niño que perturba hasta que cambie su actitud. O siéntalo en la "silla de espera" durante cinco minutos. Mientras espera allí (excluido de la diversión familiar) se calmará. Con todo, si en cinco minutos no ha cambiado, aumenta el lapso la próxima vez. (¡Y recuerda que una mamá sabia usa su cronómetro de cocina para miles de actividades en la crianza!)

9. *Exige el respeto de tus hijos*. El hogar es el semillero para la vida. Todas las acciones y actitudes que desees ver en tus hijos deben ser inculcadas en el hogar. Y el respeto es algo fundamental.

Inculcar el respeto (la honra) de los hijos hacia sus padres y a su posición de autoridad significa que los escuchan y están dispuestos a aprender de ellos. Un hijo que respeta a sus padres respetará toda figura de autoridad en la escuela, o más adelante un jefe en el trabajo o las leyes del gobierno en general. ¡Y recuerda que este es el quinto mandamiento! (Ex. 20:12). Si un niño honra y respeta la autoridad, lo cual empieza con sus padres, honrará toda figura de autoridad y su vida recibirá bendición.

10. *Sé paciente con tus hijos*. "Mas el fruto del Espíritu es… paciencia" (Gá. 5:22)… ¡y eso es justo lo que necesita una madre todo el tiempo! Algunas formas de manifestar paciencia son:

&- Dar una respuesta amable (Pr. 15:1).

&- Pensar lo que se va a decir antes de hablar (Pr. 15:28).

&- Actuar como alguien paciente.

¿A qué me refiero con actuar? Imagina esta escena característica: Mis hijas caminan descalzas todo el día para arriba y para abajo, y la tensión aumenta. Ante esto, solía preguntarme: *¿Cómo se vería, cómo actuaría, qué diría y qué cosas haría una mamá paciente?* Una vez que me había detenido a responder dichas preguntas, actuaba como tal. Hacía lo que Proverbios dice que haga. Hablaba a mis hijas en un tono de voz más sabio (¡y paciente!) que ya había observado en otras madres más sabias que yo. Escogía las palabras y la actitud que observé en muchas madres a quienes admiro.

Solo por hoy…

La maternidad dura toda la vida. Ya hemos visto muchos aspectos de esta labor (con todo ¡sé que estarás de acuerdo en afirmar que faltan muchos más!) No obstante, como madre que eres, sin duda practicarás estos diez principios de la crianza de muchas formas y durante mucho tiempo. Entonces qué te parece si vemos lo que puedes hacer… ¿solo por hoy?

❏ Solo por hoy… habla con Dios acerca de tus hijos. Derrama tu corazón ante Él. Exprésale tus preocupaciones y cuán incapaz te sientes. Pídele que te dé su sabiduría y que te asista. ¡Toma la determinación de ser una madre fiel en la oración! Y recuerda: "La oración eficaz del justo [de la madre] puede mucho" (Stg. 5:16).

❏ Solo por mañana… habla con tu esposo acerca de tus hijos. Establece normas para la familia. Planteen y decidan juntos sobre una lista de normas familiares. La lista cambiará a medida que los hijos crezcan y que los asuntos en sus vidas cambien, pero siempre deben existir normas. Anota algunas de tus ideas y compártelas con tu esposo. Acoge también sus ideas y sigan adelante juntos. Recuerda: "Mejores son dos que uno" (Ec. 4:9).

❏ Solo por esta semana… habla con otras madres cristianas con mayor experiencia y sabiduría que tú. Ya he mencionado antes el grupo de mujeres y consejeras que Dios me dio. Ellas fueron "ancianas" en todo el sentido bíblico, a quienes Él puso en mi camino en el momento más indicado. Ellas hicieron su parte al enseñarme a amar a mis hijos (Ti. 2:3–4). Y yo, como "madre más joven", hice la mía al volverme a ellas y buscar su ayuda. ¿A quien vas a buscar esta semana? Y además, ¿qué libros vas a empezar a leer esta semana para enriquecer tu labor como madre?

En pos de un corazón sabio

Es bien sabido que las acciones hablan más que las palabras. Y de algún modo nuestros hijos parecen saberlo muy bien. Puesto que ellos viven con nosotros y observan nuestra conducta en directo día tras día, jamás estarán dispuestos a escucharnos predicar algo que primero no practiquemos. Por consiguiente, tú y yo debemos vivir una fe genuina delante de ellos.

Nuestra fe genuina produce dos cosas. Primero, nos da credibilidad y una base sobre la cual podemos enseñar la Palabra de Dios. Y segundo, constituye un modelo inestimable de una persona que vive en profunda reverencia y completa dependencia de Dios. Si deseas que tus hijos amen a Dios, le sigan a Él y sus caminos (¡y sé muy bien que así es!) debes vivir de tal modo que ellos vean que *tú* amas a Dios, y le sigues a Él y sus caminos.

Eso es lo que Eunice y Loida hicieron por el pequeño Timoteo (que llegó a ser el compañero y amigo más cercano del apóstol Pablo). Este fabuloso equipo estaba conformado por una madre y una abuela piadosas. Tenían una fe sincera, genuina y verdadera (2 Ti. 1:4–5).

¿Es eso cierto para ti, amada mamá? Si así es, en tu vida se cumplen estas palabras escritas acerca de Eunice, la madre de Timoteo: "Timoteo recibió dos veces de su madre… el regalo de la vida. Pues ella lo dio a luz y luego le mostró una verdadera vida de fe".[4]

¡Amada, que esto sea una realidad para ti y para mí!

Más sabiduría sobre…
tus hijos

El hace habitar en familia a la estéril,
que se goza en ser madre de hijos. Aleluya.
Salmo 113:9

He aquí, herencia de Jehová son los hijos;
cosa de estima el fruto del vientre.
Salmo 127:3

Pero Jesús dijo: Dejad a los niños venir a mí, y no se lo
impidáis; porque de los tales es el reino de los cielos.
Mateo 19:14

no provoquéis a ira a vuestros hijos, sino criadlos en
disciplina y amonestación del Señor.
Efesios 6:4

Las ancianas asimismo sean… maestras del bien; que
enseñen a las mujeres jóvenes a amar… a sus hijos.
Tito 2:3–4

Sabiduría de Dios para… tu vida personal

$\mathcal{L}$as vestiduras de honra imprimen [en la mujer de Dios]
el sello de la aprobación divina como su sierva fiel, la hija
de su gracia y la heredera de su gloria.[1]

Necesito ayuda con…
mi Apariencia

Hace poco escuché una conversación entre dos madres cristianas con niños pequeños acerca de un programa de televisión que habían visto. Este trató el tema de las mujeres que vivían obsesionadas por su apariencia, inclusive adolescentes. De hecho, esperaban ansiosas el día en que pudieran pagar (o más bien ¡cargar a sus tarjetas de crédito!) cirugías plásticas y tratamientos de liposucción para mejorar y realzar su apariencia. Lo que me perturbó no fue que estas mujeres hubieran visto tal programa. ¡Sino ver que tenían la misma obsesión acerca de su apariencia!

Es lamentable que semejantes ideas acerca de la belleza y los sentimientos de inferioridad causen tanta preocupación en las mentes y los corazones de muchas mujeres cristianas. ¿Qué nos enseña la Biblia acerca de nuestra apariencia? ¿Cuáles son sus palabras sabias y eternas en lo concerniente a esta obsesión con la belleza y la apariencia? ¿Qué nos dice al respecto?

Secretos eternos de belleza

Secreto N° 1: *La belleza verdadera es interior*. La Biblia se centra siempre en el interior de las personas, no en su apariencia externa. Lo que más le interesa a Dios es nuestro corazón, amada amiga ¡no nuestro rostro, ni nuestras facciones ni nuestra figura! Así pues... ¿qué hay en tu interior? Echemos un vistazo a lo que Dios ha hecho para hermosearte a *sus* ojos.

–Fuiste *transformada* por Dios en tu interior. Aunque alguna vez estuviste "muerta" en tus pecados, ahora estás "viva" en Él junto con Cristo (Ef. 2:5). Eso significa que ahora eres "hechura suya, [creada] en Cristo Jesús" (v.10). ¡Eso sí es belleza!

–Eres una *nueva criatura*. La Biblia dice que "si alguno está en Cristo, nueva criatura es; las cosas viejas pasaron; he aquí todas son hechas nuevas. Y todo esto proviene de Dios" (2 Co. 5:17–18). Imagínate... todas las cosas viejas, incluso las normas, las prioridades, los sistemas de valores, los amores y creencias viejos ¡pasaron! "En Cristo" y como "nueva criatura" ahora ves todas las cosas (incluso el asunto de la apariencia física) desde una nueva óptica. Por primera vez puedes ver la vida en su conjunto como Dios la ve y empezar a vivir con los ojos puestos en la eternidad, no en las cosas terrenales.

–Eres creación *maravillosa y perfecta* de Dios. Dios dice que tú eres (¡y no lo dudes!) una de sus obras "maravillosas" (Sal. 139:14).

Como ya lo dije, la verdadera belleza es interior. Las transformaciones que acabamos de comentar sucedieron en nuestro *interior*. Dios *en* nosotras, con su obra *en* nosotras hace que seamos hermosas en nuestro interior gracias a Él. Dos dichos célebres lo expresan de este modo: "La belleza solo está debajo de la piel", y "¡lo que importa es lo de adentro!". Así que en vez desestimar o renegar de tu apariencia, recuerda quién eres en Cristo.

No sé hasta qué punto estas verdades de la Palabra de Dios afecten tu vida, ¡pero puedo asegurarte que a mí me salvaron la vida! Hasta el punto de que todas mis preocupaciones acerca de mi imagen se esfumaron. Esto es lo que pienso ahora: *Si Dios me transformó desde el interior, si me hizo una nueva criatura, si pone su sello de aprobación sobre mi apariencia, ¿quién soy yo para reprochar su creación?* Cada vez que leo o recuerdo que soy una nueva creación en Dios y su obra maravillosa y perfecta (ante lo cual no puedo menos que decir en mi corazón: ¡Eso es justo lo que soy!) ¡Doy el siguiente paso que es "alabar" a Dios! (Sal. 139:14).

Secreto Nº 2: *La belleza verdadera se realza mediante el crecimiento espiritual.* Hay otra realidad innegable acerca de nuestra apariencia en 2 Corintios 4: "nuestro hombre *exterior* se va desgastando" (cursivas añadidas). Nuestro cuerpo está sometido a un proceso degenerativo que termina en la muerte. ¡Esa es la mala noticia!

La buena noticia es que si bien nuestro cuerpo se deteriora, "el *interior* no obstante se renueva de día en día" (v. 16, cursivas añadidas). En otras palabras, tu alma crece y madura en un proceso continuo hacia la semejanza de Cristo a medida que inviertes tu vida en las cosas que "no se ven" (v. 18). Ocuparse de lo *eterno* en vez de lo *terrenal* es algo que transforma toda nuestra vida... ¡incluso nuestra apariencia! ¿Cómo es eso posible?

Yo creo que alguna vez has conocido mujeres encantadoras que emanan fortaleza y belleza espirituales. Son imágenes vivientes del verso que anoté al principio de este capítulo. Su "vestidura" es "fuerza y honor" (Pr. 31:25). Lo que ellas transmiten cautiva tanto que ni siquiera reparamos en su apariencia. No cabe duda que las rodea una atmósfera particular. No se trata de un halo. Más bien, poseen un aire, un encanto, un brillo, un resplandor. Y de alguna manera se sabe que fluye del interior. Es espiritual.

Lo que en realidad contemplamos en estas mujeres es una hermosa vida interior que irradia en el exterior. Como alguien lo ha dicho: El verdadero "tratamiento de belleza" es la piedad y una profunda vida espiritual que nos hace en verdad hermosas. Es la belleza de "la paciencia, la bondad y el gozo" acompañada de "un carácter tierno, casto y amoroso que ilumina el rostro y que sería imposible lograr aun con los mejores cosméticos o joyas del mundo".[2]

Conoce a Rebeca

La primera descripción de Rebeca en la Palabra afirma que era "de aspecto muy hermoso" (Gn. 24:16). Con todo, el siervo que Abraham había enviado para encontrar una esposa para su hijo Isaac, reparó en algo más. Lo cautivó la compasión que ella mostró hacia él en un momento de fatiga tras un viaje arduo de cientos de kilómetros a través del desierto. También le impresionó su gentil disposición para servirle y traerle agua, así como su fuerza al "darse prisa" para recoger agua suficiente y dar de beber ¡a sus diez camellos! Como puedes ver, este siervo no buscaba una modelo. ¡Buscaba una sierva ejemplar! ¡Y esa cualidad solo se encuentra en el interior del corazón!

Eso es justo lo que deseamos tener: ¡Belleza interior! Un camino seguro para lograrlo es fomentar nuestro crecimiento espiritual, pues para realzar nuestra belleza interior de manera definitiva y poderosa debemos sumergirnos a diario en la fuente de belleza de Dios que es su Palabra. Entonces ¡empecemos de inmediato nuestro tratamiento de belleza!

Secreto N° 3: *La belleza verdadera es un asunto del corazón.* No podemos hablar de nuestro tratamiento de belleza sin mencionar una verdad primordial dirigida a mujeres sabias. Así lo expresa el apóstol Pedro:

> Vuestro atavío no sea el externo de peinados ostentosos, de adornos de oro o de vestidos lujosos, sino el interno, el del corazón, en el incorruptible ornato de un espíritu afable y apacible, que es de grande estima delante de Dios (1 P. 3:3–4).

Aquí Pedro no nos dice que desechemos los medios que

tenemos a disposición para mejorar la apariencia. Más bien lanza una exhortación a quienes se preocupan tanto por lo externo que descuidan lo interno, lo que hay en el corazón. ¿Cómo podemos cuidar nuestro corazón? Con un espíritu afable y apacible que se cultiva a diario. Asimismo, al centrarnos en la búsqueda de un carácter piadoso "que es de grande estima delante de Dios".

No obstante, es triste saber que "el hombre mira lo que está delante de sus ojos" (1 S. 16:7). Quizá no sea justo ni apropiado, pero es cierto. Hay, sin embargo, otra verdad: "Jehová no mira lo que mira el hombre... Jehová mira el corazón" (v. 7). Así pues, que tu prioridad sea cuidar tu corazón, tu fe y tu carácter. Esto recibe el favor de Dios. ¡Y es precioso a sus ojos! Sin importar el tiempo que consagres al cuidado de tu apariencia, consagra mucho más a cultivar tu carácter interior.

Examen del corazón

Vamos a hablar de tu manera de vestir y de tu apariencia en el siguiente capítulo. Por ahora nos interesa mirar en qué estado se encuentra el armario de vestidos espirituales y ponernos los accesorios que son "de grande estima delante de Dios" (1 P. 3:4). Ahora mírate en el espejo de la Palabra de Dios y examina tu corazón. ¿Cómo luce tu atavío en comparación con las vestiduras que Dios ofrece para las mujeres más ilustres?

- Vístete... del nuevo hombre (Ef. 4:24)

- Vístete... de misericordia

- Vístete... de benignidad

- Vístete... de humildad

- Vístete... de mansedumbre

❧ Vístete… de paciencia (Col. 3:12)

❧ Vístete… de un espíritu afable y apacible (1 P. 3:4)

❧ Vístete… de humildad (1 P. 5:5)

Solo por hoy…

Como dije antes, muchas mujeres se preocupan por su apariencia o se sienten insatisfechas con ella. Se irritan o afligen por los defectos o las deficiencias que encuentran en su belleza. Si eres una de ellas… o conoces a otras mujeres o a sus hijas que enfrentan luchas en esta área, practica los siguientes pasos hacia la sabiduría.

❏ Solo por hoy… medita con seriedad en las verdades tratadas en este capítulo. ¡Convéncete de que eres hechura de Dios! ¡Eres una nueva criatura en Cristo! ¡Eres su obra admirable y perfecta! ¡Eres una obra maravillosa de Dios! Así que imita el ejemplo de David… solo por hoy. Mientras él meditaba en verdades como estas, exclamó: "Te alabaré" (Sal. 139:14). ¿Por qué no darle gracias y alabarle ahora mismo?

❏ Solo por mañana… persiste en el ejercicio anterior cada vez que te descubras en queja o en desagrado respecto a tu apariencia, o cada vez que te comparas con otras personas al pensar que alguien es más hermosa que tú. Más bien piensa en las realidades espirituales de tu identidad en Cristo.

Por otro lado, solo por mañana (¡y todos tus mañanas!) alimenta tu belleza interior. Fíjate en la Palabra de Dios. Invierte tiempo en leerla, meditarla y en oración. Luego, comunica a otros los beneficios que recibes de esta gracia transformadora y de su Palabra poderosa. Con la ayuda de Dios muestra toda la bondad posible al mayor número de personas que puedas. Sé afable. Sé tierna. Sé amorosa. Anima a otros. Sé paciente. Sé cortés. Sé compasiva. Ayuda a otros.

Eso es lo que hizo Rebeca al servir a un anciano viajero del desierto, fatigado y solo. El agua que sirvió en abundancia reflejó lo que emanaba de su corazón. La verdadera belleza es un regalo de Dios… y le pertenece a Él. Hace tiempo un pastor hizo el siguiente comentario acerca de la actitud servicial de Rebeca: "La manera más noble de alistarse para la eternidad consiste en ser el mejor cada instante, dar lo mejor a todos los que nos rodean, y vivir cada momento en un espíritu de absoluta consagración a la gloria de Dios".[3] ¡Que semejante belleza sea real en ti y en mí hoy, mañana y todos los días!

❏ Solo por esta semana… haz lo mismo cada día. Multiplica por siete la estupenda experiencia del primer día. Da inicio a tu hermosa sarta de buenas obras al añadirle siete hermosas perlas esta semana. Disciplina tu mente a fin de pensar lo verdadero acerca de ti misma, de tu esencia, de tu corazón, de lo que Dios ha hecho por ti (Fil. 4:8). Honra a Dios al no admitir pensamientos contrarios. ¡Verás que ocurre algo maravilloso! Descubrirás que la preocupación por ti misma disminuye y que centras tu atención en el Señor y en tu prójimo a medida que reflexionas en las verdades sobre la belleza interior descritas en su Palabra. ¡Qué maravilloso día será aquel en que ni siquiera te preocupes por ti misma!

En pos de un corazón sabio

He disfrutado por muchos años escribir acerca de lo que significa ser "una mujer conforme al corazón de Dios".[4] ¡Y prosigo con el tema en este libro! Amada amiga, una mujer sabia reconoce que su belleza, para ser verdadera, debe empezar en el corazón, en su interior, en su misma esencia. Que tu oración sea: "Señor, permíteme llegar a ser hermosa en lo más profundo de mi ser". La mujer sabia conforme al corazón de Dios no busca destacarse por sus vestidos, ni por sus joyas, o su figura, o su tono de piel, o su peinado, sino por un carácter afable y bueno. Obedece a los principios eternos de Dios que se revelan en una conducta casta y respetuosa, y sobresale por las "buenas obras" dignas de una mujer piadosa (1 Ti. 2:9–10).

Debemos aspirar a que se cumpla en nosotras lo que dice Proverbios 31: "Fuerza y honor son su vestidura" (v. 25), pues la mujer de Proverbios 31 es el ejemplo supremo de una mujer sabia conforme al corazón de Dios. Que los demás puedan decir de nosotras: "¡Sus vestiduras de un carácter íntegro y una conducta honorable son hermosas y firmes! ¡Ella es en verdad una mujer excelente!

Más sabiduría sobre…
tu apariencia

Antes que te formase en el vientre te conocí, y antes que
nacieses te santifiqué, te di por profeta a las naciones.
Jeremías 1:5

Mas Dios muestra su amor para con nosotros, en que
siendo aún pecadores, Cristo murió por nosotros.
Romanos 5:8

Bendito sea el Dios y Padre de nuestro Señor Jesucristo,
que nos bendijo con toda bendición espiritual… según
nos escogió en él antes de la fundación del mundo…
habiéndonos predestinado para ser adoptados hijos
suyos… con la cual nos hizo aceptos en el Amado.
Efesios 1:3–6

Porque en él habita corporalmente toda la plenitud de la
Deidad, y vosotros estáis completos en él, que es la cabeza
de todo principado y potestad.
Colosenses 2:9–10

estando persuadido de esto, que el que comenzó en vosotros
la buena obra, la perfeccionará hasta el día de Jesucristo.
Filipenses 1:6

Si ponemos la mira en Él, oramos a Él,
pensamos en Él, le servimos a Él, le adoramos a Él,
hacemos todo para Él, le obedecemos a Él,
le amamos con todo nuestro corazón, nuestra alma,
nuestra fuerza y nuestra mente, su belleza resplandecerá a
través de nuestros modestos esfuerzos.
¡Y así será glorificado!
—*Elizabeth George*

Necesito más ayuda con…
mi Apariencia

*D*urante mis años de adolescencia en la escuela secundaria tomé un curso de administración del hogar que trataba el arreglo personal. ¡Ese era justo el tipo de curso que todas las chicas tomábamos sin reproche alguno! Aprendíamos con avidez cada consejo para limpiar el rostro, cuidar la piel, aplicar maquillaje, cuidar las uñas. También aprendimos secretos para una buena postura, la manera de entrar en algún recinto y de sentarse "como una dama"… y un sinnúmero de temas encantadores y secretos de belleza. ¡Parecía que nunca fuera suficiente!

Cada mujer, sea joven o de edad avanzada, se preocupa por su apariencia. Algunas se preocupan demasiado, como vimos en capítulo anterior. Es mi deseo y mi oración que ahora entiendas que la belleza verdadera se encuentra en tu interior.

Más secretos eternos de belleza

En el capítulo anterior empezamos la lista de secretos eternos para la belleza. Ahora vamos a completarla. Para repasar lo que hemos aprendido hasta ahora, recordemos que la belleza verdadera es interior, que se realza mediante el crecimiento espiritual y que es un asunto del corazón.

No obstante, es innegable que...

Secreto N° 4: *La belleza verdadera también es externa.* Creo que ahora estarás de acuerdo conmigo en pensar que tu apariencia es el reflejo de lo que ocurre (¡o deja de ocurrir!) en tu interior. Sin embargo, es indiscutible que podemos hacer algunas cosas sencillas para conservar y mejorar nuestra apariencia. ¿Cuáles son las pautas de Dios en un área tan esencial? ¿Cuál es su código de ética para vestir?

Decoro. Dios dice que te "atavíes" con "ropa decorosa" (1 Ti. 2:9). Esta descripción del modo de vestir según Dios significa que debemos usar ropa decente que revele un corazón casto debidamente adornado.[1] Un erudito lo expresó así: "La ropa decorosa y honorable refleja la vida interior de una mujer piadosa".[2] Por consiguiente, el decoro en una mujer refleja la actitud intachable de su mente, pues lo que una mujer viste, como ya dije, es el espejo de su mente y de su corazón. Dios desea que todas las mujeres cuyas vidas le pertenecen sean "castas" (Tit. 2:5). Por lo tanto, tu apariencia debe ser decorosa y reflejar un corazón puro y sencillo.

Al meditar en el decoro busqué información en un diccionario común. Allí encontré que el *decoro* se define también como la ausencia de exceso y presunción. El decoro está envuelto en moderación, en decencia y en pureza. Según el diccionario, significa vestirse, comportarse y hablar de manera digna. (¡Y yo añadiría que debe ser digna de nuestro Dios!).

Pudor. Dios dice que debes "ataviarte" con pudor o decoro (1 Ti. 2:9). El *pudor* se refiere a la modestia mezclada con humildad.[3] Es evidente que se trata de un mandato elevado al cual debemos atender en oración y con devoción. Siempre que medito en este llamado al pudor y al decoro en el vestir evoco la sabiduría de Proverbios 31:10 que dice: "Engañosa es la gracia, y vana la hermosura; la mujer que teme a Jehová, ésa será alabada".

Modestia. Dios dice que debemos "ataviarnos" con "modestia", o con un aire solemne de moderación, "no con peinado ostentoso, ni oro, ni perlas, ni vestidos costosos" (1 Ti. 2:9). En los días de Pablo y Timoteo las mujeres lucían sus riquezas. Propendían a vestirse con ostentación. Para ellas, la cantidad de adornos que lucían reflejaba lo que poseían. ¡Pablo dice que eso no debe ser así para la mujer cuyo deseo ferviente es la santidad!

Vestirse con modestia también demuestra el control de sí misma: "Para no hacer incurrir a otros en pecado" (1 Ti. 2:9).[4] A diferencia de la mujer modesta, la prostituta descrita en Proverbios 7:10 llevaba un "atavío de ramera" o, en palabras de alguien más, ¡estaba "vestida para matar"![5]

Me agrada mucho lo que John MacArthur, quien fuera hace un tiempo mi pastor, escribió en su comentario acerca de la apariencia conveniente para las mujeres de Dios que deseamos ser:

¿Qué debe lucir una mujer?

¿Cómo puede una mujer discernir el límite que en ocasiones parece sutil entre vestirse de manera apropiada o hacerlo para llamar la atención? La respuesta se encuentra en la intención del corazón. Una mujer debe examinar sus motivos y propósitos respecto a su manera de vestir. ¿Cuál es su intención? ¿Mostrar la gracia y la belleza de la feminidad? ¿O demostrar el amor y la devoción que su esposo le prodiga? ¿O revelar un corazón humilde y consagrado a la adoración a Dios? ¿O más bien llamar la atención sobre sí misma y presumir de su riqueza y belleza? O, lo que es peor ¿atraer y seducir sexualmente a un hombre? Una mujer consagrada a la adoración a Dios será cuidadosa en su manera de vestir, pues es su corazón lo que define su apariencia y su vestuario.[6]

¿Qué debe lucir entonces una mujer? La próxima vez que te mires en el espejo, examina los siguientes aspectos:

–Decoro: "¿Luzco pura?"

–Pudor: "¿Mi apariencia refleja una imagen digna de una mujer de Dios?"

–Modestia: "¿Mi apariencia sería motivo de tropiezo para alguien?"

–Sabiduría: ¡La mujer sabia pasará la prueba!

Aquí viene otro examen. La Palabra dice que no debemos "ataviarnos" demasiado (1 Ti. 2:9). Así pues, responde a estos interrogantes que señalan los excesos: ¿Llevo en mi vestido demasiadas cosas? ¿Tengo demasiado maquillaje? ¿O luzco demasiadas joyas? ¿Mi ropa es demasiado extravagante? ¿Demasiado llamativa? ¿Visto de tal forma que otros se fijan más en mi ropa, mi peinado o mis joyas que en mi "piedad" y mis "buenas obras"? (v. 10).

Consejos prácticos de belleza

¡No cabe duda que a Dios le interesa nuestro interior! Sin embargo, hay algunos consejos prácticos que podemos considerar a fin de representar bien a Cristo para que nuestra apariencia como mujeres cristianas le glorifique (Tit. 2:5).

❧ Vístete con elegancia. La reina Ester, que fue heroína del Antiguo Testamento, lució sus ropas reales en presencia de su esposo, el rey (Est. 5:1). La mujer de Proverbios 31 se vestía de seda y púrpura (Pr. 31:22). Estas mujeres de Dios se vistieron con elegancia y lucieron de manera apropiada según la ocasión y la época en que vivieron.
Durante años he enseñado algunas normas para "vestirse

con elegancia" a las esposas de futuros pastores y líderes cristianos. Estas son: "Sé un ejemplo para las mujeres como tú y para las personas que quieres liderar. Y siempre imita a quienes te inspiren respeto. No te guíes por las personas del medio en el cual te desempeñas... sé diferente a ellas si esto significa mostrarse más pulcra, más ordenada y mejor arreglada que ellas. Siempre es más conveniente llegar a cualquier lugar y lucir un poco más elegante que estar por debajo de lo que amerita la ocasión.[7]

¿Por qué no bendecir a otros con una apariencia agradable? ¡Los demás estarán agradecidos! Y tú darás un buen ejemplo.

❧ **Arréglate.** He tenido la oportunidad de enseñar a otras mujeres que es posible procurar una apariencia agradable. Cada vez que me arreglo en la mañana pienso en mi esposo y en el hecho de que él me verá. ¿Qué va a ver entonces? ¿Algo fresco (como un rostro lavado, un cabello peinado y un maquillaje recién aplicado)? ¿Algo limpio (como ropa sin arrugas, sin manchas y sin malos olores)? ¿Algo radiante (como una sonrisa y un toque de color aquí y allá)? Aun en la época en que mis hijas estaban en casa me preocupaba lo que ellas vieran en mí ¡en vez de tener que apartar sus miradas debido a mi apariencia! Quería que se sintieran orgullosas de mí cada vez que iba a recogerlas a la escuela o las llevaba a casa de sus amigos, a las clases de piano o a su grupo de la iglesia.

Así que arréglate... ¡un poco! Maquíllate... ¡un poco! Vístete con elegancia... ¡un poco! Consérvate en buena forma... ¡un poco! ¡Los demás se sentirán agradecidos!

❧ **Procura guardarte en pulcritud.** Todos hemos escuchado que la limpieza y la piedad van de la mano. Proverbios también nos enseña que: "El ungüento y el perfume alegran el corazón" (27:9). Ambas son gratas y reconfortantes, y revelan el esmero por estar bien arreglada. Permíteme decirlo de nuevo: ¡Los demás se sentirán agradecidos!

❧ Pon tu mira en lo alto. ¡Vamos en pos del Señor! Si ponemos la mira en Él, oramos a Él, pensamos en Él, le servimos a Él, le adoramos a Él, hacemos todo para Él, le obedecemos a Él, le amamos con todo nuestro corazón, nuestra alma, nuestra fuerza y nuestra mente (Lc. 10:27), y si somos sensibles a su presencia, su belleza resplandecerá a través de nuestros modestos esfuerzos. ¡Y así será glorificado! (Mt. 5:16). La bendición y la gloria y la sabiduría y la acción de gracias y la honra y el poder y la fortaleza, sean a nuestro Dios por los siglos de los siglos. Amén (Ap. 7:12).

Solo por hoy...

Una de las cosas que aprendí en la clase de escuela secundaria que mencioné es que un buen arreglo personal se debe practicar a diario. De ese modo se cuidan los dientes, la piel, el cabello y las uñas. Por tanto, al tratarse de tu apariencia personal...

❏ Solo por hoy... sigue estos cuatro pasos: Arréglate... ¡un poco! Maquíllate... ¡un poco! Vístete con elegancia... ¡un poco! Consérvate en buena forma... ¡un poco! Piensa en los miembros de tu familia y en las personas que ves a diario. Piensa en tus esfuerzos por bendecir sus vidas y darles lo mejor.

Ahora piensa en el Señor y en tu papel como embajadora suya ante el mundo. ¿Qué impresión dejas en otros sobre lo que es un cristiano y el cristianismo? Si cuidas tu apariencia Dios será bien representado.

❏ Solo por mañana... recuerda que un buen arreglo personal se realiza cada día. Así pues, dedica un poco de tiempo (diez o quince minutos) a tu arreglo personal. A muchas mujeres les gustan los espectáculos de televisión que muestran las transformaciones físicas de "antes" y "después" de algún tratamiento. Lo que se dice en dichos espectáculos es que si una mujer dedica veinte minutos cada mañana a su apariencia, esto la hará destacarse de manera favorable entre las demás personas. No me refiero a cautivar a otros. Solo hablo de lograr una apariencia agradable, grata, refinada y digna del Espíritu de Cristo que habita en ti. Y, como lo hemos dicho antes, ¡los demás se sentirán muy agradecidos!

❏ Solo por esta semana… imagina (a propósito de los espectáculos de "antes" y "después") lo que resultaría de una semana dedicada al cuidado de tu apariencia. Si consideras que la higiene personal requiere demasiado tiempo y que estás demasiado ocupada, no te desanimes. A medida que adquieras práctica realizarás cada cosa con mayor rapidez. Sin darte cuenta te convertirás en una persona más organizada y eficiente al desarrollar una rutina rápida y sencilla de cuidado personal.

Este es otro consejo que recibí de una mujer mayor y más sabia que yo, como se describe en Tito 2: Pon un versículo para memorizar en tu baño o en tu tocador. De esa manera, mientras atiendes al "hombre exterior" (2 Co. 4:16), también te ocuparás del adorno "interno, el del corazón" (1 P. 3:4). Al fin y al cabo todas las cosas las hacemos para el Señor (Col. 3:23).

En pos de un corazón sabio

Todo esto requiere mucho trabajo ¿no es cierto? Nuestra apariencia es un asunto de cada día. Así es la vida. Todos los días de nuestra vida nos toca acercarnos a nuestro armario, abrirlo, explorarlo, meditar y escoger lo que vamos a vestir. Aunque no somos responsables por la apariencia que recibimos al nacer ni por las facciones o los rasgos genéticos, sí somos responsables por nuestro vestir y por el mensaje que comunicamos a otros a través de nuestro vestuario y nuestra apariencia personal.

¿Qué se espera de una mujer sabia? ¿Cómo debe escoger lo apropiado? ¿Cuál es el mensaje que quiere comunicar? En pocas palabras, una mujer sabia quiere comunicar a otros de manera clara y audible que ella le pertenece a Dios, que Él es el centro de su vida, y que su vida depende de Él. Por lo anterior, se "atavía" (es decir, se arregla, se alista y organiza) de manera apropiada y piadosa, en oración ante Él a fin de honrarle y representarle con fidelidad. Esto es un llamado a cuidar de forma apropiada, ordenada y con propósito tu apariencia personal como un estilo de vida.

¿Cuál es tu estilo de vida? ¿Qué hay en tu corazón? ¿Deseas impresionar a otros... o impresionar a Dios? ¿Pones tus ojos en otros... o buscas la mirada de aprobación de Dios? ¿Te centras en ti misma... o en tu piedad y en tus buenas obras para que tu Padre celestial sea glorificado (Mt. 5:16)?

Como ya lo dije, ¡la mujer sabia pasará la prueba!

*M*ás sabiduría sobre…
tu apariencia

Más sabiduría sobre… tu apariencia
Cuando he aquí, una mujer le sale al encuentro,
con atavío de ramera y astuta de corazón.
Alborotadora y rencillosa.
Proverbios 7:10–11

Fuerza y honor son su vestidura; y se ríe de lo por venir.
Proverbios 31:25

Engañosa es la gracia, y vana la hermosura; la mujer que
teme a Jehová, ésa será alabada.
Proverbios 31:30

Asimismo que las mujeres se atavíen de ropa decorosa,
con pudor y modestia; no con peinado ostentoso, ni oro,
ni perlas, ni vestidos costosos, sino con buenas obras,
como corresponde a mujeres que profesan piedad.
1 Timoteo 2:9–10

Amado, no imites lo malo, sino lo bueno.
El que hace lo bueno es de Dios; pero el que hace lo malo,
no ha visto a Dios.
3 Juan 11

$\mathcal{L}$a disciplina caracteriza la vida entera de Daniel. Lo primero que lo separa de los demás es su determinación de abstenerse de alimentos, lo cual dio inicio a la preparación divina de un hombre cuya fuerza espiritual experimentaría pruebas severas.[1]
—*Elisabeth Elliot*

¿$\mathcal{H}$ay metas y logros que deseas alcanzar, o sueños para cumplir en los propósitos de Dios? Entonces necesitas la fuerza que resulta de la obediencia a los principios sabios de Dios en relación con tus hábitos alimentarios.
—*Elizabeth George*

Necesito ayuda con…
mi Apetito

Supongo que ya has oído este dicho: "Tú eres lo que comes". También he escuchado infinidad de argumentos a favor o en contra de esta declaración. Sin embargo, sé que estás de acuerdo conmigo en afirmar que tu alimentación, sea para nutrir tu cuerpo, tu espíritu, tu mente o tus ojos, ejerce un efecto poderoso en tu calidad de vida. Asimismo, afecta el rumbo de tu vida. En este momento vamos a centrarnos en el tema del apetito físico y de manera específica en los hábitos alimentarios de la mujer.

Aún recuerdo (¡y demasiado bien!) un período de mi vida en que pretendí llenarme de fuerza para cumplir mis labores como esposa y madre de niñas pequeñas ¡con una dieta de bebidas gaseosas, dulces, galletas, y hasta masa cruda de galletas! También recuerdo el largo y costoso examen médico de glucosa al cual debí someterme para determinar que tomaba demasiado azúcar, tanto que mi cuerpo era incapaz de asimilarlo. Debido a esto permanecía en un estado de letargo y somnolencia, y tomaba una siesta todos los días después del almuerzo. La declaración que cité al principio se cumplía en mi vida: Yo era lo que comía. Me gustaba demasiado la comida "chatarra". (¡Quizás ahora comprendes a qué me refiero!)

Créeme que después de toda esta experiencia penosa surgió en mí el deseo de conocer lo que Dios dice acerca de la comida.

Después de todo mi deseo era vivir para Él y cumplir en mi vida sus propósitos. Con todo, era evidente que mi plan de vida era un fracaso. Me encontraba en el camino equivocado hacia un estilo de vida poco saludable que arruinaba mis sueños de alcanzar una vida eficaz, ordenada, y victoriosa a todo nivel. Buscaba en el lugar equivocado la energía indispensable para vivir y en medio de mis afanes y mi falta de sabiduría me sentía desesperada. Así que acudí de nuevo a mi Biblia para buscar la sabiduría de Dios respecto al tema de la alimentación de una mujer atareada. ¡Pronto encontré allí los principios divinos y eternos que determinan lo que una mujer debe comer o de lo cual debe abstenerse!

¿Quieres tener más fuerza? ¿O *necesitas* más energía? ¿Hay metas y logros que deseas alcanzar o sueños para cumplir en los propósitos de Dios? Entonces obedece los principios establecidos por Dios en relación con tus hábitos alimentarios. Si los acatas podrás gozar de toda la fuerza para vivir. A continuación presento algunas ideas prácticas ¡pero definitivas! que puedes tener en cuenta.

Comer mejor... ¡a la manera de Dios!

Hay un versículo maravilloso que le da un giro espiritual al tema de los hábitos alimentarios. Este dice: "Si, pues, *coméis o bebéis*, o hacéis otra cosa, hacedlo todo para la gloria de Dios" (1 Co. 10:31, cursivas añadidas). Esta verdad eterna afirma que hay una manera en la cual tú y yo podemos glorificar al Señor cada vez que comemos o bebemos. Piensa en eso por un instante. Tú y yo, como mujeres de Dios, podemos darle gloria a través de lo que comemos y bebemos a diario. ¿Cómo podemos lograrlo? Si seguimos las reglas de Dios para una alimentación adecuada. Algunas son:

Regla N° 1: No comas demasiado. ¿Por qué? Hay una razón bastante obvia. Comer en exceso produce una sensación muy desagradable. ¡Podemos sentirnos enfermas! La Biblia describe esta sensación de manera muy gráfica: "¿Hallaste miel? Come lo que te basta, no sea que hastiado de ella la vomites" (Pr. 25:16). ¡Eso es bastante claro! No obstante, también encontré más razones en la Biblia para no comer en exceso. La primera hacía parte de mis experiencias personales, y la segunda me sorprendió, pues nunca antes la había considerado. Según Proverbios, el libro de sabiduría de Dios, comer demasiado (un hábito que la Biblia llama "glotonería") *es un hábito demasiado costoso y produce demasiado sueño.* Salomón lo dijo de este modo: "Porque el bebedor y el comilón empobrecerán, y el sueño hará vestir vestidos rotos" (Pr. 23:21). En otras palabras, "hay dos tipos de borrachos, aquellos que toman demasiado y aquellos que comen demasiado".[2]

La primera razón es física. Como lo dije antes, ya conocía de primera mano el efecto de somnolencia que produce el exceso de alimentos al que hace referencia el versículo. El sopor, la pereza y la debilidad son los resultados directos de la permisividad en la alimentación o de comer lo indebido. Puedo asegurarte que yo sabía bien lo que era vivir en aturdimiento. Ahora bien, al leer mi Biblia comprendí que quienes se exceden en la comida sufren las consecuencias en sus cuerpos. Van a vivir en un estado de fatiga, de confusión y un estupor similar al que produce la embriaguez. Como resultado, no tendrán las fuerzas ni la perspicacia que requiere el trabajo o un estilo de vida colmado de ocupaciones y responsabilidades (Pr. 23:20–21).

La segunda razón es financiera. Esta razón me sorprendió en gran manera, pues no solo el exceso en la comida cobra un alto precio en lo físico sino también en lo financiero. Una mujer que come en exceso sufrirá pérdidas en sus finanzas. Un erudito resumió la idea central de este versículo al afirmar que el insensato pasa "de la parranda a los harapos".[3] Casi podríamos imaginar conversaciones en nuestro interior: "*Oh, fue divertido mientras duró… pero lo pagué muy caro*".

Reflexiona un poco y te darás cuenta de que gran parte del alimento que consume una mujer proviene de su propio esfuerzo. Ella sale a buscarlo. Ella lo compra. Ella lo trae a casa. Asimismo, debe pagar la comida que pone en su boca y en la despensa, ya sea que la consiga en un restaurante o en una tienda.

Ahora bien, medita en todo lo que deseas para tu familia y para ti misma y que cuesta dinero. Piensa en todas las personas a quienes podrías bendecir con tu dinero. ¿Quieres ser libre de las deudas? ¿Quieres ahorrar para la educación universitaria de tus hijos? ¿Quieres tener dinero para enviarlos a los campamentos de la iglesia? ¿Quisieras donar algo para un ministerio que apoya una buena causa? ¿Quieres pagar pronto tu hipoteca? ¿O quizás tomar unas merecidas vacaciones? Entonces debes pensarlo bien (¡y orar!) antes de comer o ir de compras. En vez de gastar el dinero en excesos en la alimentación (y en salir a comer o en comidas "chatarra") puedes ahorrar, y tendrás a tu disposición ese dinero en el banco para invertir en cosas mucho más productivas.

Existe también una razón muy importante, y es espiritual. Al estudiar este principio encontré otro relacionado con una vida espiritual marcada por la sabiduría (¡aunque estaba por fuera del tema de mi lectura!). Un comentarista lo expresó del siguiente modo: "Los malos hábitos crecen juntos".[4] Lo que esto significa es que el exceso de comida va en contra de la sabiduría y la enseñanza de la Palabra de Dios, pues conduce a una vida de culpa y luego a una conciencia endurecida que a su vez redunda en un corazón insensible a la verdad espiritual. Como puedes ver, ¡el exceso en la comida acarrea consecuencias mucho más serias que el simple sobrepeso! Afecta tu vida espiritual.

Otra razón es de índole práctica. ¿Qué pasa con tu tiempo y con tu vida? La respuesta es muy simple: "El tiempo de los

glotones está divido en dos actividades: Comer… y dormir".[5]
¡Eso es lo que resulta de manejar el apetito en contra de la
voluntad de Dios!

Una oración para pedir sabiduría. Señor, líbrame de
un estilo de vida marcado por el agotamiento físico,
el uso insensato del dinero, la muerte espiritual y el
desperdicio de tiempo. Ayúdame a ser una mujer cuyo
deseo ferviente sea vivir una vida sabia conforme a
tu voluntad.

Solo por hoy…

Es cierto que la sabiduría se aprende mucho más de los fracasos
que del éxito. Para ser franca, sé que muchas mujeres han fracasado
en esta área del apetito y libran en este momento una batalla en
cuanto a sus hábitos alimentarios. Estoy de su lado y de corazón las
aplaudo. También es cierto que un hábito puede ser el peor de los
amos o el mejor de los siervos. Y los malos hábitos resultan en
fracaso en lo que a la alimentación se refiere. De modo que debemos
empezar ahora mismo… solo por hoy, a romper los hábitos dañinos
que nos atan y cambiarlos por unos buenos a fin de que las firmes
disciplinas de Dios sean para nosotras los mejores siervos.

❏ Solo por hoy… escribe, memoriza y lleva contigo este
versículo: "Si, pues, coméis o bebéis, o hacéis otra cosa,
hacedlo todo para la gloria de Dios" (1 Co. 10:31). Haz de
esta verdad la norma para tus hábitos de comida y bebida…
solo por hoy. Repite la oración que ya comenté para pedir
sabiduría:

"Señor, líbrame de un estilo de vida marcado por el
agotamiento físico, el uso insensato del dinero, la muerte
espiritual y el desperdicio de tiempo. Ayúdame a ser
una mujer cuyo deseo ferviente sea vivir una vida sabia
conforme a *tu* voluntad".

❑ Solo por mañana… haz el siguiente examen a medida que practicas la *regla número uno que dice: No comas demasiado.*

> ✤ Come solo si tienes hambre
> ✤ Come solo después de haber orado
> ✤ Come solo raciones de comida
> ✤ Come la mitad de las porciones
> ✤ Come en un plato pequeño
> ✤ Come según una agenda establecida
> ✤ Come alimentos saludables
> ✤ Come lo que te proporcione energía
> ✤ Come para la gloria de Dios

❑ Solo por esta semana… lleva un registro de tus hábitos alimentarios. Me he acostumbrado a anotar cada cosa y te aconsejo hacerlo también. Solo por esta semana escribe 1 Corintios 10:31 cada día en un diario o en un cuaderno. Al dar inicio a cada día anota tu peso. Luego registra en detalle lo que comes y la hora exacta en que comiste. Además, escribe la manera como te sientes en tu cuerpo y en tu mente después de comer. Vigila cada alimento, la cantidad y la hora en que comes, y lo que te hace sentir fuerte y saludable o débil. De ese modo podrás hacer cada día los ajustes pertinentes a fin de convertirte en la mujer cristiana llena de vitalidad que anhelas ser.

En pos de un corazón sabio

¿Qué es la sabiduría después de todo? He aquí una definición: La sabiduría es "la capacidad de ver con perspicacia… de ver la vida como Dios la ve".[6] ¡Dios nos ha hablado acerca de nuestros hábitos alimentarios, amada amiga! Nos ha mostrado su manera de ver las cosas, su sabiduría, y nos ha dado su instrucción. En resumen, Él nos manda a no comer demasiado. La pregunta ahora es si vamos a atender a su sabio mandato. ¿Vamos a tomarlo en serio? ¿Vamos a obedecerlo? ¿Vamos a abrazar sus principios? ¡Recuerda que una mujer sabia anda en pos de un corazón sabio! ¡Y la sabiduría también comprende tus hábitos alimentarios! (es decir: qué, cómo y cuánto comes).

Más sabiduría sobre…
tu apetito

El perezoso mete su mano en el plato,
y ni aun a su boca la llevará.
Proverbios 19:24

Cuando te sientes a comer con algún señor, considera
bien lo que está delante de ti, y pon cuchillo a tu garganta,
si tienes gran apetito.
Proverbios 23:1–2

Todas las cosas me son lícitas, mas no todas convienen;
todas las cosas me son lícitas, mas yo no me dejaré
dominar de ninguna.
1 Corintios 6:12

Y todo lo que hacéis, sea de palabra o de hecho, hacedlo
todo en el nombre del Señor Jesús, dando gracias a Dios
Padre por medio de él.
Colosenses 3:17

vestíos del Señor Jesucristo, y no proveáis
para los deseos de la carne.
Romanos 13:14

nos comportemos como cristianos en las cosas que sobresalen y como ateos en el sinnúmero de detalles de la vida. Dios está presente en ambos, y atento a recibir de estos la gloria que debemos rendirle.[1]
—*Dwight L. Moody*

Necesito más ayuda con…
mi Apetito

Mi hija Courtney es una grandiosa cocinera aficionada. Siempre busca perfeccionar su destreza con nuevas recetas y técnicas. También ha tomado cursos de cocina en un instituto famoso en Colorado. Es por eso que en su mesa siempre hay revistas de cocina que recibe con regularidad. Una de estas revistas se llama *Bon Appétit*, que significa "buen provecho" o "disfrute su comida".

Mi amada amiga ¡el problema es que muchas mujeres disfrutan demasiado su comidita! Por esa razón buscamos aprender los principios eternos de Dios en cuanto a nuestra alimentación. Ya hemos aprendido *la regla número uno* que consiste en *no comer demasiado*. Ahora veamos las que siguen:

Regla Nº 2: Come solo lo necesario. Me gusta mucho esta oración que se encuentra en la Biblia: "manténme del pan necesario; no sea que me sacie, y te niegue, y diga: ¿Quién es Jehová? O que siendo pobre, hurte, y blasfeme el nombre de mi Dios" (Pr. 30:8–9). Algunas versiones de este versículo señalan la idea del alimento *necesario* y *suficiente*, *apenas* para satisfacer las necesidades.[2] Un erudito hizo la paráfrasis de este versículo en términos más familiares: "Dame solo el pan diario", lo cual señala la diferencia entre los caprichos y las verdaderas necesidades.[3]

¿Por qué es tan importante comer solo lo necesario? La respuesta es que así escapamos a la tentación de olvidarnos de Dios y de negarle, o de vivir independientes de Él porque nos sentimos demasiado satisfechos. Es así como se mantiene nuestra confianza en el Señor como nuestro Proveedor. ¡Es evidente que tanto el exceso como la escasez ponen en peligro nuestro carácter! Quienes tienen demasiado (y comen en exceso) se hinchan de orgullo por la prosperidad, y a quienes no tienen suficiente los asalta la tentación de renegar en amargura contra la misericordia, la justicia y la gracia de Dios.

Por consiguiente, la respuesta de Dios es: ¡Solo lo necesario!

Regla Nº 3: Una vez más: Come solo lo necesario. Es probable que suene repetido a la luz de la regla anterior. No obstante, esta contiene un ingrediente adicional. En vez de ceder a los excesos en la comida, Dios nos aconseja en su sabiduría: "Come lo que te basta" (Pr. 25:16). Dios nos exhorta a comer solo lo necesario a fin de no caer en pecado. Esto dijo Benjamín Franklin en su sabiduría: Come para vivir pero no vivas para comer.

Regla Nº 4: No dejes que cosa alguna te domine. ¡Piensa que esto también se refiere a la comida! En el Nuevo Testamento encontramos estas sabias palabras del apóstol Pablo: "Todas las cosas me son lícitas, mas no todas convienen; todas las cosas me son lícitas, mas yo no me dejaré dominar de ninguna" (1 Co. 6:12). En términos generales, Pablo dice aquí que no todo lo que es permitido para un cristiano es conveniente, benéfico, provechoso o útil. Por lo tanto, hay cosas de las cuales sería mejor prescindir.

Con el fin de completar la idea anterior Pablo alude al concepto de la esclavitud y declara: "mas yo no me dejaré dominar de ninguna". En otras palabras, ¡Pablo se reprime y rehúsa convertirse en esclavo o ser dominado por cualquier cosa! Sin importar lo que otros hagan o puedan hacer, Pablo tomó la determinación de no seguir a la mayoría. ¡No admitiría ser esclavo! Pablo relata el siguiente principio como un juego de palabras:

Puedo *dominar todas las cosas,* y
no permitiré que *esas cosas*
me dominen.[4]

Todos sabemos que el pecado tiene fuerza y que puede esclavizar. Ante esto, como mujeres que van en pos de la sabiduría "no debemos permitir que el pecado tenga el control sino que debemos dominarlo en las fuerzas que el Señor nos da".[5] Dios puede ayudarnos a vencer cualquier cosa, ¡incluso nuestro apetito!

Regla N° 5: Come de una manera que glorifique a Dios. Ya sabemos lo que Dios espera de nuestra conducta, lo cual comprende nuestra alimentación: "Si, pues, coméis o bebéis, o hacéis otra cosa, hacedlo todo para la gloria de Dios" (1 Co. 10:31). Esto significa que aún las acciones más simples de comer y beber pueden hacerse de tal modo que glorifiquen a Dios. ¡Imagínate! ¡Es posible comer para dar gloria y honra a Dios! Entonces hagámoslo mediante nuestros hábitos alimentarios (es decir, qué, cómo y cuándo comemos). Además, podremos gozar de un beneficio adicional al obedecer a este mandato: La calidad de nuestra vida y de nuestra adoración irá en aumento. El conocido predicador D. L. Moody escribió estas palabras con base en 1 Corintios 10:31:

> No nos comportemos como cristianos en las cosas que sobresalen y como ateos en el sinnúmero de detalles de la vida. Dios está presente en ambos, y atento a recibir de estos la gloria que debemos rendirle.[6]

Solo por hoy...

Espero que hasta el momento los buenos hábitos que cultivas en tu vida respecto a la alimentación se fortalezcan y aumenten. Asimismo, espero que hayas descubierto que toda esa serie de buenos hábitos se logra cultivando uno a la vez, un día a la vez y una semana a la vez. Así pues...

❏ Solo por hoy... estudia las cinco reglas basadas en la Palabra de Dios que acabamos de ver en este capítulo:

Regla N° 1: No comas demasiado.

Regla N° 2: Come solo lo necesario.

Regla N° 3: Una vez más: Come solo lo necesario.

Regla N° 4: No dejes que cosa alguna te domine.

Regla N° 5: Come de una manera que glorifique a Dios.

Repasa cada regla. Identifica aquellas que requieren mayor atención en tu vida. ¿Qué vas a hacer al respecto... solo por hoy? Los viejos hábitos solo pueden superarse mediante unos nuevos. ¿Cuál es el nuevo hábito que vas a cultivar a fin de reemplazar el que no es sabio y que acabas de identificar?

❏ Solo por mañana... revisa de nuevo el examen del capítulo anterior que señala las normas para no comer en exceso. Ya que tenemos cuatro nuevas reglas, vamos a añadir otras adicionales:

• Come pensando en Dios.

• Come para vivir en lugar de vivir para comer.

• Come de manera saludable.

• Come para obtener energía.

• Come sin dejarte dominar por cosa alguna.

• Come como cristiana, no como alguien sin Dios.

❏ Solo por esta semana... toma la determinación, con la ayuda de Dios, de practicar el anterior ejercicio toda la semana. ¡Imagina lo grandioso! Si es tan satisfactorio vivir un solo día de hábitos alimentarios que glorifican y honran a Dios, cuánto más lo será una semana entera. ¡Ese será el comienzo de una vida colmada de sabiduría! Proponte añadir a esto un día a la vez... ¡toda la vida!

En pos de un corazón sabio

Debo admitir que no me agrada escribir sobre este tema. La razón es que temo parecer legalista o dar la impresión de fingir. Por otro lado, sé que es un tema difícil de asimilar para la mayoría de las mujeres. No nos agrada tratar el delicado tema de la comida (¡otra vez!), del dominio propio (¡otra vez!). Y no queremos siquiera pensar en el asunto (¡otra vez!). Y, por supuesto, ¡no queremos seguir en esta lucha!

Sin embargo, ¡también ando en pos de la sabiduría! Ansío con todas mis fuerzas ser una mujer sabia que vive con sabiduría. Hay muchísimas cosas que deseo lograr en mi vida y a través de ella para bendecir a otros. ¡Hay un llamado apremiante a vivir cada nuevo día según la voluntad de Dios! Por este motivo no quiero que los años, meses, semanas, días, horas y minutos de vida que me restan (¡que solo Dios sabe cuántos son!) se pierdan por culpa de un cuerpo lleno de fatiga y sopor por los excesos, y desagradable a mis propios ojos. ¡No puedo tolerarlo! Y creo que estarás de acuerdo con esto.

Si bien no es agradable tratar este tema, quiero hablar acerca de la sabiduría que descubrí en la Biblia a muchas mujeres que me escriben y me confían sus luchas en relación con el sobrepeso y otros desórdenes en la alimentación. Sé cuán grande es el reto de controlar nuestro apetito. No obstante, también es una tarea que Dios nos ha encomendado. Dios nos insta a tener "dominio propio" (Gá. 5:23), a vivir con "modestia" (1 Ti. 2:9) y "sobriedad" (1 Ti. 3:11), a andar de un modo "digno" (Ef. 4:1) y "sabiamente" (Col. 4:5), y a "recibir" y "guardar" sus principios eternos (Pr. 2:1–5). Dicho estilo de vida es también útil en lo concerniente a nuestra alimentación diaria.

Al acercarnos al final de nuestro estudio sobre el apetito, la comida y los hábitos alimentarios, creo que te deleitarás en la historia que relato a continuación. Se trata de una ilustración muy apropiada (¡y divertida!) de muchos principios eternos de sabiduría que ya hemos estudiado en este aspecto esencial de la vida de una mujer. ¡Espero que la disfrutes!

La saturación de lo bueno

Unos amigos nuestros tienen ocho hijos, y a todos les fascina el helado. En un día caluroso de verano, una de las niñas menores dijo que desearía comer helado y nada más. Los otros niños asintieron, y para sorpresa de todos el padre dijo: "Listo. Mañana todos podrán comer todo el helado que deseen, ¡helado y nada más!". Los niños gritaron jubilosos y aguardaban con impaciencia el día siguiente. Entonces todos bajaron para el desayuno en cuadrilla para pedir a gritos los diferentes sabores de helado, ¡tazas llenas de helado de fresa, chocolate o vainilla! A la hora del refrigerio de la mañana comieron más helado. En el almuerzo, comieron helado de nuevo, solo que esta vez porciones más pequeñas. A la hora del refrigerio de la tarde, la mamá sacó unos panecillos recién horneados y su aroma llenó toda la casa.

"¡Qué delicia! —exclamó el pequeño Teddy—. Panecillos frescos, ¡mis favoritos!". Se acercó con prontitud para tomar uno pero su madre lo detuvo.

—¿Ya lo olvidaste? Este es el día para comer helado y nada más.

—Ah, sí…

—¿Quieres sentarte y comer otra copa de helado?

—No, gracias. Solo un barquillo pequeño.

A la hora de la cena el entusiasmo por aquella dieta exclusiva de helado se había desvanecido casi por completo. Mientras comían aburridos otra copa de helado recién servido María, la niña que había propuesto la idea, miró a su padre y le dijo: "¿Sería posible cambiar este helado por un pedazo de pan duro?"[7]

*M*ás sabiduría sobre…
tu apetito

porque el reino de Dios no es comida ni bebida, sino
justicia, paz y gozo en el Espíritu Santo.
Romanos 14:17

¿O ignoráis que vuestro cuerpo es templo del Espíritu
Santo…? Glorificad, pues, a Dios en vuestro cuerpo.
1 Corintios 6:19–20

Todo me es lícito, pero no todo conviene; todo me es
lícito, pero no todo edifica.
1 Corintios 10:23

Si, pues, coméis o bebéis, o hacéis otra cosa, hacedlo todo
para la gloria de Dios.
1 Corintios 10:31

Mas el fruto del Espíritu es amor, gozo, paz, paciencia,
benignidad, bondad, fe, mansedumbre, templanza; contra
tales cosas no hay ley.
Gálatas 5:22–23

La persona que tolera las pequeñas faltas poco a poco caerá en mayores. Siempre te sentirás dichoso en la noche tras haber vivido un día provechoso. Ten cuidado de ti mismo, cobra fuerza, sé disciplinado, y sin importar lo que otros hagan, no te abandones a tus propios deseos.

—*Thomas à Kempis*

Mientras más disciplinado seas, más prosperarás.[1]

—*Thomas à Kempis*

Necesito ayuda con...
mi Disciplina

Debo confesar que necesito mejorar en cuanto a la disciplina... ¡cada día de mi vida! Necesito disciplina desde el primer instante de la mañana en que suena mi reloj despertador (¿debo atenderlo y levantarme o dormitar otro rato?), hasta la última decisión del día de poner mi cabeza sobre la almohada (¿tal vez lea, trabaje o vea televisión un poco más? ¿o quizás me acueste a dormir para poder levantarme al sonar la alarma?).

Creo que todas reconocemos en la disciplina un asunto de gran trascendencia para cada área de la vida. Ya sabes que la disciplina es esencial por los resultados que produce en ti: Crecimiento espiritual, logros personales y bienestar físico. Por otro lado, también es importante porque otros observan esos resultados en ti, lo cual constituye un modelo y un ejemplo motivador para ellos. Las personas te observan todo el tiempo, te guste o no. Tu vida ejerce un efecto positivo o negativo en todas las personas que te rodean, con quienes vives y a quienes conoces.

Con todo, no interesa cuán disciplinada (¡o indisciplinada!) seas en este momento ¡pues siempre hay cabida para el crecimiento en nuestra vida! Siempre hay un aspecto por mejorar o transformar. Siempre hay algo nuevo por aprender, intentar y perfeccionar. Así pues, meditemos y estudiemos este ingrediente esencial de la vida de una mujer sabia. Reflexionemos acerca de la importancia de una vida disciplinada. Y por encima de todo, veamos lo que Dios dice acerca de la disciplina.

La sabiduría de Dios respecto a la disciplina

Reconoce que la disciplina es un asunto espiritual. El dominio propio y la disciplina personal son manifestaciones de la obra del Espíritu de Dios en nuestra vida (Gá. 5:22–23). La Biblia dice que tendremos dominio propio si andamos por el Espíritu (v. 16) y deseamos vivir conforme a los designios de Dios. El significado literal de esta expresión es "ser dueño de sí mismo". Trata de imaginarte a ti misma asiéndote entre tus propios brazos a fin de restringir tus acciones. ¡Eso es dominio propio! Intenta practicarlo cada vez que te sientas tentada de ceder ante algún exceso. Y recuerda: *El carácter no madura a menos que sea sometido al control, la sujeción y la disciplina.*

Confiesa el pecado sin tardar. Es alentador saber que el dominio propio se imparte gracias a la presencia del Espíritu Santo en ti. Mediante tu andar en el Espíritu recibes la capacidad de vencer las tentaciones de la carne (Gá. 5:16). No obstante, el pecado y la desobediencia "contristan" al Espíritu Santo de Dios y "apagan" su poder que te sostiene en tu lucha contra el pecado (Ef. 4:30 y 1 Ts. 5:19). ¿Quieres vivir en disciplina? Entonces mantén tu vida libre de culpa ante Dios. Confiesa el pecado sin tardar (1 Jn. 1:9), cualquiera que sea y hasta el último que hayas cometido. ¿Cuál será el resultado? Gozarás del poder y de la belleza de una vida victoriosa gracias a la disciplina que es posible en Cristo.

Admite que la disciplina es un acto de la voluntad. No hay duda de que el dominio propio es fruto del Espíritu, pero el Espíritu de Dios no va a forzarte a vivir de esa manera. Antes bien, en tus manos está la decisión de obedecer o no a su llamado en tu vida. ¡El Espíritu Santo no pone una guarda en tu boca cada vez que te sientas a comer! Tampoco va a tapar tu boca para impedir que grites a tus hijos. El Espíritu de Dios nos impulsa, nos inspira, nos impele, nos convence de error (Jn. 16:8) pero nunca nos forzará a vivir una vida santa. Más bien nos guía con dulzura a medida que leemos, estudiamos, oramos y ponemos en práctica la Palabra de Dios en cada área de nuestra vida.

Por ejemplo, veamos algunos aspectos de tu vida que requieren la sabiduría de Dios, la disciplina y el dominio propio:

> Tu temperamento: *Como ciudad derribada y sin muro es el hombre cuyo espíritu no tiene rienda* (Pr. 25:28).

> Tu boca: *Aun el necio, cuando calla, es contado por sabio; el que cierra sus labios es entendido* (Pr. 17:28).

> Tu apetito: *Y pon cuchillo a tu garganta, si tienes gran apetito* (Pr. 23:2).

> Tu diligencia: *No ames el sueño, para que no te empobrezcas; abre tus ojos, y te saciarás de pan* (Pr. 20:13).

A ti corresponde decidir la manera de afrontar cada uno de estos aspectos problemáticos (¡como todos los demás!) de tu vida. El Espíritu de Dios que mora en ti como creyente en Cristo está dispuesto y es poderoso para asistirte en el logro de la disciplina.

Gózate con cada victoria alcanzada. La batalla contra la carne es permanente e inexorable. Sin embargo, tú y yo sabemos que el dominio propio es una cuestión espiritual y podemos discernir en qué momento y lugar lo necesitamos, de manera que podemos confesar sin tardar nuestro pecado y Dios puede darnos así la victoria en muchas áreas de nuestra vida. ¡Tú *puedes* tener una vida disciplinada! ¡Tú *puedes* ejercer el dominio propio! Tú puedes dar fruto de dominio propio a fin de que todos los que te rodean vean que sigues al Señor. Gózate con cada victoria que obtienes en tu lucha contra la tentación. Llénate de gozo como el apóstol Pablo, que exclamó: "Mas gracias sean dadas a Dios, que nos da la victoria por medio de nuestro Señor Jesucristo" (1 Co. 15:57).

Gracias a Dios que tenemos la victoria en Él. Y gracias a Dios por cada victoria que experimentamos, sea grande o pequeña. Cada una es un peldaño más para alcanzar una vida disciplinada.

Recuerda que la disciplina es una señal de madurez. Hay algo sorprendente que ocurre con cada victoria en el dominio propio (¡que logras con la ayuda de Dios!) en diferentes áreas de tu vida. A medida que practicas la disciplina y el dominio propio en cualquier aspecto, tus músculos espirituales se fortalecen, se mantienen en forma y se desarrollan. De ese modo, cada vez que enfrentas situaciones similares podrás hacerlo con mayor acierto. Algún caballero dijo al respecto: "La vida no puede prosperar a menos que se centre en algo con dedicación y disciplina".[2]

Me gustaría añadir una palabra de advertencia: Crecer en la disciplina personal y en el dominio propio no es un proceso estático. Debes velar todo el tiempo para practicar el dominio propio. ¡Así que permanece alerta!

La sabiduría de Dios requiere disciplina

A propósito de permanecer alerta, cada vez que pienso en la disciplina y la falta de ella, vienen a mi mente las vidas de dos mujeres de la Biblia. La primera constituye un mal ejemplo de dominio y control de sí misma, y la segunda nos dejó un buen ejemplo. Una fue permisiva y perezosa en su vida espiritual, y la otra permaneció alerta. ¿Con cuál de estas dos mujeres te identificas?

Conoce a Eva

Eva fue la primera mujer sobre la tierra y la primera que fracasó en su disciplina personal. Al enfrentar la tentación de pecar se mostró débil, obstinada y ambiciosa. Una vez que la serpiente empezó a hablarle, ella consintió un diálogo con el maestro del engaño, el "padre de mentira" (Jn. 8:44). En esencia lo que hizo Eva fue:

... codiciar demasiado,

... comer lo prohibido,

... hablar más de la cuenta, y

... lograr demasiado poco.

Eva prefirió desobedecer el mandato explícito de Dios. También fracasó porque no buscó consejo, no esperó, no examinó la situación y desconfió de Dios. Decidió conversar con el enemigo, poner en duda la sabiduría y la bondad de Dios, darle lugar al descontento y a la codicia, comer del fruto prohibido, y además mover a su esposo a caer en lo mismo.

En vez de seguir el camino de la sabiduría, Eva cayó sin pensarlo en la insensatez hasta el fondo. En vez de ser sabia fue necia. Y experimentó en su propia vida la verdad de esta palabra: "El que confía en su propio corazón es necio; mas el que camina en sabiduría será librado" (Pr. 28:26). Sus acciones pecaminosas, egoístas, insensatas y obstinadas hundieron a la humanidad entera para siempre en un estado de ruina.

Ahora conoce a Abigail

¡Qué mujer tan extraordinaria! Abigail hizo bien las cosas y es un ejemplo de disciplina y de dominio propio para cada mujer. Mientras las personas a su alrededor vivían en turbación, ella conservaba la calma y tenía todo bajo control. En el relato bíblico de su vida vemos que respondió con gran sabiduría y dominio propio ante la decisión imprudente de su esposo que ponía en riesgo la vida de muchas personas. Abigail actuó con sabiduría y dominio de sí, fue osada y logró aplacar la ira del rey David, con lo cual previno una situación peligrosa y una matanza (ver 1 S. 25). ¡Abigail le salvó el día y la vida a muchos!

En este libro buscamos la sabiduría de Dios para cada necesidad de la vida, ¡que resulta primordial para vivir en disciplina y dominio propio! ¡Eso es cierto para Eva, para Abigail, para ti y para mí! En cada área de nuestra vida la sabiduría de Dios significa tener disciplina, moderación y dominio propio. Como puedes ver, son esenciales para llevar una vida piadosa.

Solo por hoy...

¿Cómo nos convertimos en mujeres disciplinadas? Podemos lograrlo un día a la vez. ¿Cómo podemos cultivar vidas marcadas por la disciplina? Mediante la práctica de los principios eternos y sabios de Dios un día a la vez y uno a la vez a medida que nos ejercitamos en el arte de la disciplina. Ahora bien...

❑ Solo por hoy... pide discernimiento en oración a fin de confesar y evitar las pequeñas "faltas" cometidas durante el día. ¡Si no lo haces, verás que mañana será más difícil tratar con ellas! Los cambios duraderos empiezan con diminutas decisiones tomadas con regularidad que son progresivas. Así pues, centra tu atención... solo por hoy, en un hábito, una debilidad, una excusa o un área descuidada de tu vida. Busca la fortaleza del Señor en ese aspecto. Acude a la sabiduría de Dios en su Palabra. Corrige tus pequeñas faltas. ¡Y no olvides agradecer a Dios cada victoria por "pequeña" que sea! ¡No dudes ni un instante que los pequeños esfuerzos alcanzarán grandes cosas! Pronto verás que te conviertes en una mujer sabia.

❏ Solo por mañana… planea tu día e identifica las áreas que necesitan mejorar. Por ejemplo, ¿qué áreas de tu vida requieren hoy la ayuda de Dios y un poco más de control? Una vez descrita, busca en la Biblia los versículos que te ayuden a superar esa área descuidada. Luego escríbelos en tu agenda o cuaderno, o en tarjetas pequeñas que puedas llevar contigo. También pídele a una amiga que te ayude a supervisar las áreas que requieren dominio propio. Ninguna victoria resulta a menos que batalles. ¡Las armas que tienes para batallar son las Escrituras seleccionadas, tu agenda, una amiga que te supervisa, tu ardiente deseo y el poder de la gracia de Dios! ¡Utiliza tu arsenal! ¡Gana la victoria! ¡Crece en sabiduría!

❏ Solo por esta semana… evalúa tu crecimiento en sabiduría. Una semana es un lapso de tiempo suficiente para ver cambios notorios y mensurables. Es un tiempo suficiente para desechar lo que no sirve, lo que no es sabio, y reemplazarlo por conductas mejores y disciplinadas. ¡Puedes lograr un progreso notable en tan solo una semana! ¿Ya hiciste caso a la sabiduría contenida en los versículos que escogiste? ¿Cómo resultó la supervisión de otra persona sobre tu vida? ¿Fue útil? Regocíjate por cualquier cambio que hayas logrado. Luego, sin abandonar el área que ya trabajaste, escoge una nueva y empieza en ella el mismo proceso de crecimiento. Ten en cuenta lo siguiente: El progreso que alcances es solo válido por un día. Al día siguiente y en la próxima semana debes renovar el poder que te da el Espíritu Santo para lograr cada victoria.

En pos de un corazón sabio

¿No clama la sabiduría, y da su voz la inteligencia? En las alturas junto al camino, a las encrucijadas de las veredas se para; en el lugar de las puertas, a la entrada de la ciudad, a la entrada de las puertas da voces.

Proverbios 8:1–3

Mi amada amiga, ¿quieres tener sabiduría e inteligencia? ¿Quieres ocupar lugares de influencia y ofrecer tu sabiduría a todos los que te escuchan, como en tu hogar y tu comunidad? Sé lo que vas a responder: ¡Por supuesto que sí! Entonces debes abrazar la disciplina como un ingrediente esencial para seguir en pos de la sabiduría y la madurez. ¿Por qué? Porque no puedes guiar a otros (tus hijos, hermanas en la fe, amigos, vecinos y colegas) hacia la justicia y la disciplina, a menos que tú misma seas un ejemplo de ello. Solo en la medida en que practiques el dominio propio podrás ser un modelo para otros. Tener dominio propio como un sello en tu vida te permitirá "dar voces", como dice Proverbios. Entonces otros observarán tu vida disciplinada y escucharán tu voz. De ese modo glorificarán a Dios por ti, por tu vida disciplinada y por tu sabiduría. ¡Permanece en las alturas para que todos vean y escuchen! Y si perseveras en una vida disciplinada siempre ocuparás lugares de influencia.

Más sabiduría sobre…
tu disciplina

Mejor es el que tarda en airarse que el fuerte; y el que se
enseñorea de su espíritu, que el que toma una ciudad.
Proverbios 16 :32

El que guarda su boca y su lengua,
su alma guarda de angustias.
Proverbios 21:23

Vanidad y palabra mentirosa aparta de mí; no me des
pobreza ni riquezas; manténme del pan necesario; no sea
que me sacie, y te niegue, y diga: ¿Quién es Jehová? O que
siendo pobre, hurte, y blasfeme el nombre de mi Dios.
Proverbios 30:8–9

Añadid a vuestra fe virtud; a la virtud, conocimiento; al
conocimiento, dominio propio; al dominio propio,
paciencia; a la paciencia, piedad.
2 Pedro 1:5–6

sino que golpeo mi cuerpo, y lo pongo en servidumbre,
no sea que habiendo sido heraldo para otros, yo mismo
venga a ser eliminado.
1 Corintios 9:27

Determinaciones para la vida, por Jonathan Edwards

Viviré con todas mis fuerzas mientras dure mi vida. (Murió a la edad de 55 años).

Nunca pierdas un solo minuto, sino aprovéchalo de la manera más útil posible.

Necesito ayuda con…
mi Diligencia

Ya hemos tratado muchos aspectos de nuestra vida, ¿no es así? Lo espiritual, lo cotidiano, lo familiar y lo personal. Es evidente que no hemos estudiado todas las necesidades, pero sí algunas de las más notables de la vida de una mujer. Y creo que no hay una manera más apropiada para culminar este libro que aprender algo acerca de la diligencia. ¿Por qué?

Permíteme contarte una historia…

Una de mis maestras de la escuela es todavía mi predilecta. La razón es que la señorita Spencer empleaba numerosos métodos creativos para enseñar matemáticas. Una de sus herramientas de enseñanza era un juego que ella denominó "la separación de las cabras y las ovejas". El juego se iniciaba con todos los participantes de pie. Las respuestas correctas al ejercicio matemático permitían seguir de pie, en tanto que las respuestas erradas obligaban a sentarse. Al final, solo las "ovejas" estaban de pie. Las "cabras" se habían quedado sentadas.

Amada amiga que andas en pos de la sabiduría, la diligencia es una señal decisiva de sabiduría porque permite separar a las ovejas de las cabras en la vida real. En otras palabras, la diligencia separa los verdaderos logros de las buenas intenciones que suceden casi a diario, aún en mi propia vida. Por ejemplo, todos los días recibo alguna carta, correo electrónico o llamada telefónica de alguien que me dice: "Siempre he soñado con escribir un libro ¿qué me aconsejas?"

Y mi respuesta es siempre la misma: "Pues ¡escríbelo!"

Es innegable que hay muchos pasos a seguir antes de poder publicar un libro, pero el primero y más importante es (y siempre será)... ¡escribirlo! Mientras el libro no se escriba todo se queda en un simple sueño.

¿Qué se necesita para escribir un libro, tener tu casa ordenada, organizar tu vida, graduarse de la universidad, encontrar un empleo, tener ropa limpia para tu familia, servir las comidas, estudiar la Biblia, controlar tu peso y mantenerte en forma, educar en casa a tus hijos, ser una esposa amorosa, servir en tu iglesia, comunicar a otros las cosas buenas que has aprendido, o realizar cualquier otra cosa que valga la pena?

La respuesta es: ¡Diligencia! Hay que trabajar. Hay que actuar. Hay que perseverar en algo hasta lograrlo. Se requiere diligencia, acción, trabajo y perseverancia durante millones de minutos, miles de horas, cientos de días, cantidades de semanas, meses, y tantos años como Dios te conceda para lograr el trabajo o el sueño al cual aspiras.

La sabiduría de Dios respecto a la diligencia

El libro de Proverbios fue escrito hace unos 3000 años y ha sido llamado por muchos "el libro de sabiduría de la Biblia". Ahora bien, la diligencia es otro de sus grandes temas. En Proverbios aprendemos que:

- La diligencia afecta nuestras finanzas: "La mano negligente empobrece; mas la mano de los diligentes enriquece" (Pr. 10:4).

- La diligencia afecta nuestro sustento: "El que labra su tierra se saciará de pan; mas el que sigue a los vagabundos es falto de entendimiento" (Pr. 12:11).

- La diligencia afecta nuestros ingresos y nuestra

productividad: "En toda labor hay fruto; mas las vanas palabras de los labios empobrecen" (Pr. 14:23).

🌲 La diligencia afecta nuestra posición social: "También el que es negligente en su trabajo es hermano del hombre disipador" (Pr. 18:9).

🌲 La diligencia afecta nuestros logros: "Sé diligente en conocer el estado de tus ovejas, y mira con cuidado por tus rebaños; porque las riquezas no duran para siempre" (Pr. 27:23–24).

🌲 La diligencia afecta nuestro bienestar: "El que labra su tierra se saciará de pan; mas el que sigue a los ociosos se llenará de pobreza" (Pr. 28:19).

🌲 La diligencia afecta nuestro hogar (Pr. 31:10–31): La mujer sabia…
    … se levanta aun de noche (v. 15),
    … ciñe de fuerza sus lomos (v. 17),
    … esfuerza sus brazos (v. 17),
    … su lámpara no se apaga de noche (v. 18),
    … y no come el pan de balde (v. 27).
Por consiguiente…
    … [su marido] no carecerá de ganancias (v. 11),
    … da comida a su familia (v. 15),
    … se hace tapices (v. 22), y
    … de lino fino y púrpura es su vestido (v. 22).
Y obtiene recompensa, pues…
    … se levantan sus hijos y la llaman bienaventurada (v. 28),
    … y su marido también la alaba: Muchas mujeres hicieron el bien; mas tú sobrepasas a todas (vv. 28–29).

Algunas motivaciones para ser diligentes

Si la diligencia permite lograr todas estas cosas (¡y muchas más!) en nuestra vida, y si es tan esencial, ¿cómo podemos entonces sentirnos motivadas a alcanzarla? Veamos algunas ideas.

Ser consciente de la brevedad de la vida. Muchas personas tienen el hábito de postergar las cosas en su vida y piensan: "Algún día tendré la oportunidad de hacerlo", o "dispongo de todo el tiempo del mundo". Sin embargo, la Biblia nos enseña lo contrario al declarar que la vida es breve (Sal. 39:4–5). En efecto, Dios compara nuestra vida con la neblina (Stg. 4:14), con un soplo (Job 7:7), con una sombra (1 Cr. 29:15), como hierba y flor de la hierba que pronto se marchita (1 P. 1:24) y nuestros días más veloces que la lanzadera del tejedor (Job 7:6).

Amada amiga, no existe garantía alguna de la duración de nuestra vida. Nuestros días están contados, y solo Dios sabe cuántos son. ¡Es por eso que como mujeres sabias debemos vivir cada día a plenitud! ¡Vivirlo al máximo! ¡Aprovecharlo! Debemos invertir lo mejor de nosotras en cada día para obtener lo mejor de él al final. Debemos hacer tanto como podamos, amar a nuestras familias con todo el corazón, ayudar a tantas personas como sea posible y dar lo mejor de nosotras en cada lapso de 24 horas que Dios nos regala. Debemos disfrutar y vivir sabiamente cada minuto del día, cada persona que conocemos, el matrimonio, la familia, el hogar, el ministerio, el trabajo... ¡pues ignoramos cuál será la última vez que podamos aprovecharlo!

Es mi anhelo que esta conciencia de la brevedad de la vida se convierta para ti en una fuerza motivadora. Eso es justo lo que haría una persona sabia. Por el contrario, los insensatos despilfarran, malgastan y desperdician su tiempo y su vida (Pr. 18:9). ¿Quieres saber cómo se desperdicia un día? Tan solo duerme en vez de levantarte y actuar. Y escoge sentarte o vagar en vez de trabajar (Pr. 6:9). Todos somos tentados de caer en la pereza (1 Co. 10:13). Esa es la naturaleza de nuestra carne. Es un problema común a todos.

No obstante, la mujer sabia rehúsa a descansar en tiempo de trabajo. El "éxito" y los logros tienen una fórmula muy sencilla: La persona que trabaja ocho horas al día logrará el doble de quien trabaja solo cuatro. La persona que trabaja doce horas en vez de seis también logrará el doble. Así lo dice la Biblia: "En toda labor hay fruto" (Pr. 14:23) ¡sin importar cuál sea! (el otro lado de esta verdad en el mismo versículo es: "Las vanas palabras de los labios empobrecen"). ¿Vas a alistarte a usar tu vida con sabiduría o vas a malgastarla?

Ser consciente del propósito de la vida. Otra motivación para ser diligente es entender y captar la verdad acerca del propósito de tu vida. Si comprendemos que somos creadas *por* Dios y *para* Dios, y que Él tiene un propósito para nuestra vida, nunca la viviremos para nosotras mismas. Antes bien, viviremos cada día y cada minuto para el Señor (Col. 3:23). Así gozaremos de nuevas fuerzas, de un nuevo objetivo y de una diligencia renovada. ¿Por qué? ¡Porque tenemos un propósito para vivir!

Ser conscientes de que somos administradoras. Además del entendimiento de la brevedad de la vida y de su propósito, otra fuerza motivadora para la diligencia es comprender que cada día, cada minuto (¡y cada segundo!) es un regalo de Dios. Eso significa que Él nos llama a invertir nuestro tiempo y nuestra vida para Él y para sus propósitos. Significa además que somos tan solo administradoras de la vida que Él nos ha confiado. ¿Qué dice la Biblia acerca de la responsabilidad de un administrador? Dice que debe ser fiel (1 Co. 4:2). Un día cada cristiano rendirá cuentas a Dios por el uso que le haya dado a su vida (2 Co. 5:10). Por consiguiente, me propongo vivir a diario siendo consciente de este gran deber para ese gran día. ¡Esta realidad me anima a ser diligente!

Ser consciente del tiempo. O quizás debería decir: ¿Ser consciente de la duración de un día? No sé si te sucede, como a mí, que en un solo día experimentas altibajos. En mis períodos de máxima productividad uso toda mi energía. ¡Me muevo a la velocidad de la luz! Hay fuego en mis ojos y vehemencia en mis pasos. No obstante, en mis períodos de baja actividad en que mi energía está en su nivel mínimo, apenas logro pararme de mi silla con dificultad. Siento como si no me quedara una gota de aliento. Me siento fatigada, vencida e incapaz ¡siendo solo las 2 p.m.! ¿Te ha sucedido algo parecido?

Lo que he aprendido (mediante la práctica y la perseverancia) es que aun en los tiempos de agotamiento puedo ser productiva y diligente si me preparo para afrontarlo (pues ¡créeme que tarde o temprano esos momentos llegarán!) mediante una lista de cosas factibles con el mínimo de energía disponible. Actividades como planear el menú del día siguiente, doblar la ropa lavada, leer la Biblia, adelantar un curso bíblico por correspondencia (por ejemplo ¡yo terminé una serie completa de cursos bíblicos mientras mis hijas dormían su siesta!).

Vemos pues que ser diligente no significa correr con desenfreno en la vida de principio a fin. Más bien significa lograr un ritmo productivo y constante a medida que avanzamos hacia un objetivo a pesar de los altibajos y las diferentes etapas de la vida.

Un ejemplo de diligencia

Cada vez que medito en la diligencia no puedo evitar pensar en Rut, una mujer del Antiguo Testamento.

Conoce a Rut

Rut tuvo una vida llena de dificultades. Perdió a su esposo. Dejó su propio país. Y luego tuvo que sostener a su suegra. Si Rut no hubiera sido diligente, ella y su suegra Noemí habrían muerto de hambre. ¡Imagínate semejante motivación! No obstante, la verdadera agudeza del carácter de Rut (pues la diligencia es precisamente una señal de carácter) procedía de su actitud hacia sus responsabilidades, tal como lo expresó alguien:

> Y respondiendo Booz, le dijo: He sabido todo lo que has hecho con tu suegra después de la muerte de tu marido, y que dejando a tu padre y a tu madre y la tierra donde naciste, has venido a un pueblo que no conociste antes. Jehová recompense tu obra, y tu remuneración sea cumplida de parte de Jehová Dios de Israel, bajo cuyas alas has venido a refugiarte. (Rt. 2:11–12).

Amada hermana, no debemos ver la diligencia como un deber sino como un placer. La diligencia brota de nuestro interior y revela nuestro verdadero carácter. Es mi deseo que tú y yo podamos seguir los pasos de Rut, ser solícitas y confiar en el resultado que Dios traerá. En efecto, como vimos antes, el Señor recompensará tu trabajo y tu diligencia.

Solo por hoy…

¿Cómo llegamos a ser mujeres sabias? (¡con cuánta frecuencia he hecho esta pregunta!). Espero que ya sepas la respuesta… un día a la vez. La otra pregunta es: ¿Cómo es posible cultivar una vida marcada por la sabiduría? Mediante la diligencia diaria que se practica hoy… y mañana… ¡y toda la vida!

❏ Solo por hoy… escribe, memoriza y lleva contigo Colosenses 3:23–24: "Y todo lo que hagáis, hacedlo de corazón, como para el Señor y no para los hombres; sabiendo que del Señor recibiréis la recompensa de la herencia, porque a Cristo el Señor servís". También medita en esto: Ya que la vida es corta, ¿cuál es la mejor manera de invertir este día?

Considérate a ti misma como una administradora. ¿Cómo responderás ante Dios por la manera como vivas tu día?

❏ Solo por mañana... examina los altibajos de tu vida y prepárate para afrontarlos. Piensa en el mañana a la luz de tu responsabilidad como administradora. ¿Cómo planeas el aprovechamiento del día? Planéalo... ¡minuto a minuto! Luego sigue el programa... solo por ese día. Lee el capítulo de Proverbios que corresponde a la fecha del día. Sin duda encontrarás versículos relacionados con la diligencia. ¡Atesóralos para tu vida y anótalos en tu agenda! Sin importar lo que hagas ¡no los pierdas!

❏ Solo por esta semana... continúa la lectura del capítulo diario de Proverbios, y anota todos los versículos que Dios en su sabiduría te da acerca de la diligencia, el trabajo, la laboriosidad y la perseverancia. Sigue adelante con tu plan para cada día. Al final de la semana evalúa tu desempeño y corrige lo que deba mejorar para la semana próxima. ¡Sé que desearás repetir la experiencia por el resto de tu vida! ¿Por qué? Porque eso es una señal de sabiduría.

En pos de un corazón sabio

Como ya hemos visto, la diligencia es uno de los temas centrales de Proverbios. Es evidente que una mujer sabia es una mujer diligente. Su sabiduría se revela en la solicitud para manejar sus deberes en el presente y para alistar el mañana y todo el porvenir que Dios ha dispuesto para ella. Es una mujer que asumió con toda seriedad la exhortación de Moisés: "Enséñanos de tal modo a contar nuestros días, que traigamos al corazón sabiduría" (Sal. 90:12).

Mi amada hermana, ignoramos cuántos días vamos a vivir, si bien Moisés se aventuró a afirmar que "Los días de nuestra edad son setenta años; y… en los más robustos son ochenta años" (v. 10). Según Moisés solo deberíamos vivir setenta u ochenta años. Hagamos entonces el cálculo. ¿Cuál es tu edad en este momento? Réstala a los setenta años. ¿Cuál es el resultado? Si Dios así lo quiere ese podría ser el número de días que te restan para vivir con diligencia y sabiduría.

Ya que estamos a punto de culminar nuestro viaje, debemos separarnos para continuar nuestra tarea de ejercitarnos en los principios eternos de Dios para nuestra vida. ¡Medita por un momento lo que podrías lograr para Dios y para los demás si andas en pos de un corazón sabio y caminas en diligencia todos los días que te restan! ¡No desperdicies el recurso más precioso que tienes, que es tu vida misma! Cuenta tus días. Y úsalos, todos y cada uno, para la gloria de Dios y el bien de otros. Sé sabia…

Porque mejor es la sabiduría
que las piedras preciosas;
y todo cuanto se puede desear,
no es de compararse con ella
Proverbios 8:11

Más sabiduría sobre…
tu diligencia

Ve a la hormiga, oh perezoso, mira sus caminos, y sé
sabio… perezoso, ¿hasta cuándo has de dormir? ¿Cuándo
te levantarás de tu sueño?

Proverbios 6:6, 9

Todo lo que te viniere a la mano para hacer, hazlo según
tus fuerzas; porque en el Seol, adonde vas, no hay obra, ni
trabajo, ni ciencia, ni sabiduría.

Eclesiastés 9:10

Por tanto, como en todo abundáis, en fe, en palabra, en
ciencia, en toda solicitud.

2 Corintios 8:7

No nos cansemos, pues, de hacer bien; porque a su
tiempo segaremos, si no desmayamos.

Gálatas 6:9

Así que, hermanos míos amados, estad firmes y
constantes, creciendo en la obra del Señor siempre,
sabiendo que vuestro trabajo en el Señor no es en vano.

1 Corintios 15:58

$\mathcal{N}$otas

Capítulo 1: Necesito ayuda con... la sabiduría

1. Michael Kendrick y Daryl Lucas, eds., *365 Lessons from Bible People* [365 enseñanzas basadas en personajes bíblicos] (Wheaton, Illinois: Tyndale House Publishers, Inc., 1996), p. 140.
2. Charles Haddon Spurgeon.
3. Charles R. Swindoll, *The Tale of the Tardy Oxcart* [El cuento de la carreta lenta], cita de su libro *The Strong Family* [La familia firme] (Nashville, Tennessee: Word Publishing, 1998), p. 613.
4. *Ibíd.*, cita de su libro *Living on the Ragged Edge* [Vivir en medio de la dificultad], p. 613.
5. M. R. De Haan y Henry G. Bosch, *Bread for Each Day* [El pan diario] (Grand Rapids, Michigan: Zondervan Publishing House, 1980), abril 16.

Capítulo 2: Necesito ayuda con... mis prioridades

1. Swindoll, Charles R., *The Tale of the Tardy Oxcart* [El cuento de la carreta lenta], cita de Wayne Martindale, *The Quotable Lewis* [Citas de Lewis] (Nashville, Tennessee: Word Publishing, 1998), . p. 468.
2. *Ibíd.*

Capítulo 4: Necesito ayuda con... mi Biblia
1. Albert M. Wells, hijo, ed., *Inspiring Quotations: Contemporary and Classical* [Citas de inspiración clásicas y contemporáneas] (Nashville, Tennessee: Thomas Nelson Publishers, 1988), p. 17.
2. Mark Porter, *The Time of Your Life* [Este es su mejor momento] (Wheaton, Illinois: Victor Books, 1983), p. 114.

Capítulo 5: Necesito ayuda con... mi vida de oración
1. Charles Bridges, *A Modern Study of the Book of Proverbs* [Un estudio moderno de Proverbios], revisado por George F. Santa (Milford, Michigan: Mott Media, 1978), p. 17.
2. Eleanor L. Doan, *The Speaker's Sourcebook* [El libro de referencia para el orador], autor desconocido (Grand Rapids, Michigan: Zondervan Publishing House, 1997), p. 196.

Capítulo 6: Necesito ayuda con... mi crecimiento espiritual
1. *Checklist for Life for Men* [Análisis de la vida para hombres], cita de Jean–Nicolas Grou (Nashville, Tennessee: Thomas Nelson Publishers, 2002), p. 183.
2. Thomas à Kempis, *The Imitation of Christ –Book 1* [La imitación de Cristo – Libro 1] (Macon, Georgia: Mercer University Press, 1989), pp. 11–12.
3. Mark Porter, *The Time of Your Life* [Este es su mejor momento], p. 114.
4. Sherwood Elliot Wirt y Kersten Beckstrom, *Topical Encyclopedia of Living Quotations* [Enciclopedia temática de citas notables], cita de George B. Chisholm (Minneapolis, Minnesota: Bethany House Publishers, 1982), p. 152.

Capítulo 7: Necesito ayuda con... mi tiempo
1. Autor desconocido.
2. Edward R. Dayton y Ted W. Engstrom, *Strategy for Living* [Estrategia para vivir] (Glendale, California: G/L Publications, 1978), p. 175.

3. Proverbios 31:10–31; Efesios 5:22–24, 33; 1 Timoteo 2:9–15; Tito 2:3–5.
4. Edward R. Dayton y Ted W. Engstrom, *Strategy for Living* [Estrategia para vivir], p. 180.

Capítulo 8: Necesito ayuda con... mi agenda
1. Franck S. Mead, *12,000 Religious Quotations* [12.000 citas religiosas], cita de W. Marshall Craig, el género fue cambiado (Grand Rapids, Michigan: Baker Book House, 1989), p. 269.
2. Roy B. Zuck, *The Speaker's Quote Book* [El libro de citas del orador], adaptado de *Gospel–Lite* (Grand Rapids, Michigan: Kregel Publications, 1997), p. 126.

Capítulo 9: Necesito ayuda con... mi hogar
1. Eleanor L. Doan, *The Speaker's Sourcebook* [El libro de referencia del orador], autor desconocido (Grand Rapids, Michigan: Zondervan Publishing House, 1977), p. 267.
2. Elizabeth George, *God's Wisdom for Little Girls* [Sabiduría de Dios para niñas] (Eugene, Oregon: Harvest House Publishers, 2000).
3. Charles Bridges, *A Modern Study of the Book of Proverbs* [Un estudio moderno de Proverbios], revisado por George F. Santa (Milford, Michigan: Mott Media, 1978), p. 527.

Capítulo 10: Necesito ayuda con... mi matrimonio
1. Ceremonia de boda de *The Book of Common Worship* [El libro de adoración común] (Filadelfia, Pennsylvania: Board of Christian Education of the Presbyterian Church, 1974).

Capítulo 11: Necesito ayuda con... mis hijos
1. Derek Kidner, *The Proverbs* [Los Proverbios] (Downer's Grove, Illinois: InterVarsity Press, 1973), p. 147.
2. William MacDonald, *Enjoying the Proverbs* [Deleitarse con Proverbios] (Kansas City, Kansas: Watterick Publishers, 1982), p. 55.

3. Albert M. Wells, hijo, ed., *Inspiring Quotations –Contemporary and Classical* [Citas de inspiración clásicas y contemporáneas], p. 106.

Capítulo 12: Necesito más ayuda con... mis hijos

1. Elisabeth Elliot, *The Shaping of a Christian Family* [Cómo edificar un hogar cristiano], cita de una fuente desconocida (Nashville, Tennessee: Thomas Nelson Publishers, 1991), pp. 95–96.
2. Kidner, *The Proverbs* [Proverbios] (Downer's Grove, Illinois: InterVarsity Press, 1973), p. 183.
3. *Ibíd.* Proverbios 31:2 es un ejemplo de paralelismo en escala donde cada frase repite en parte lo que dice la anterior y en seguida añade un nuevo elemento.
4. Michael Kendrick y Daryl Lucas, eds., *365 Lessons from Bible People* [365 enseñanzas basadas en personajes bíblicos] (Wheaton, Illinois: Tyndale House Publishers, Inc., 1996), p. 355.

Capítulo 13: Necesito ayuda con... mi apariencia

1. Charles Bridges, *A Modern Study of the Book of Proverbs* [Un estudio moderno de Proverbios], revisado por George F. Santa (Milford, Michigan: Mott Media, 1978), p. 738.
2. Neil S. Wilson, ed., *The Handbook of Bible Application* [Manual de aplicación bíblica] (Wheaton, Illinois: Tyndale House Publishers, 1992), pp. 56–57.
3. D. L. Moody, *Notes from My Bible and Thoughts from My Library* [Apuntes de mi Biblia y reflexiones de mi biblioteca] (Grand Rapids, Michigan: Baker Book House, 1979), p. 19.
4. Elizabeth George, *Una mujer conforme al corazón de Dios*, *A Young Woman After God's Own Heart* [Una joven conforme al corazón de Dios], y *A Woman After God's Own Heart Bible Study Series* [Serie de estudios para una mujer conforme al corazón de Dios] (Eugene, Oregon: Harvest House Publishers).

Capítulo 14: Necesito más ayuda con... mi apariencia

1. John MacArthur, *The MacArthur Study Bible* [La Biblia de estudio MacArthur, disponible en castellano en el año 2004 de Editorial Portavoz] (Nashville, Tennessee: Word Publishing, 1997), p. 1863.
2. Charles Caldwell Ryrie, *The Ryrie Study Bible* [Biblia de estudio Ryrie, disponible en castellano de Editorial Portavoz] (Chicago, Illinois: Moody Press, 1978), p. 1817.
3. *Ibíd.*
4. *Ibíd.*
5. William MacDonald, *Enjoying the Proverbs* [Deleitarse con Proverbios] (Kansas City, Kansas: Walterick Publishers, 1982), p. 44.
6. John MacArthur, *The MacArthur New Testament Commentary – 1 Timothy* [Comentario MacArthur del Nuevo Testamento – 1 Timoteo, muy pronto disponible en castellano de Editorial Portavoz] (Nashville, Tennessee: Word Publishing, 1995), pp. 80–81.
7. Elizabeth George, *Life Management for Busy Women* [Mayordomía para mujeres atareadas] en que se cita a Denis Waitley (Eugene, Oregon: Harvest House Publishers, 2002), p. 80.

Capítulo 15: Necesito ayuda con... mi apetito

1. Elisabeth Elliot, *Discipline, The Glad Surrender* [Disciplina: La grata renuncia] (Grand Rapids, Michigan: Fleming H. Revell, 1982), pp. 46–47.
2. William MacDonald, *Enjoying the Proverbs* [Deleitarse con Proverbios] (Kansas City, Kansas: Walterick Publishers, 1982), p. 126.
3. Derek Kidner, *The Proverbs* [Los Proverbios] (Downer's Grove, Illinois: InterVarsity Press, 1973), p. 152.
4. Ralph Wardlaw, *Lectures on the Book of Proverbs, Volume III* [Charlas sobre Proverbios, tomo III] (Minneapolis, Minnesota: Klock & Klock Christian Publishers, Inc., 1982), p. 91.

5. *Ibíd.*, p. 99.
6. Charles R. Swindoll, *The Tale of the Tardy Oxcart* [El cuento de la carreta lenta], cita de su libro *The Strong Family* [La familia firme] (Nashville, Tennessee: Word Publishing, 1998), p. 613.

Capítulo 16: Necesito más ayuda con... mi apetito

1. D. L. Moody, *Notes from My Bible and Thoughts from My Library* [Apuntes de mi Biblia y reflexiones de mi biblioteca] (Grand Rapids, Michigan: Baker Book House, 1979), p. 269.
2. Curtis Vaughan, *The Old Testament Books of Poetry from 26 Translations* [26 traducciones de los libros poéticos del Antiguo Testamento] (Grand Rapids, Michigan: Zondervan Bible Publishers, 1973), pp. 622–623.
3. Robert L. Alden, *Proverbs, A Commentary on an Ancient Book or Timeless Advice* [Proverbios: Comentario sobre un libro antiguo de consejos eternos] (Grand Rapids, Michigan: Baker Book House, 1990), p. 208.
4. Robert Jamieson, A. R. Fausset y David Brown, *Commentary on the Whole Bible* [Comentario de toda la Biblia] (Grand Rapids, Michigan: Zondervan Publishing House, 1973), p. 1199.
5. John MacArthur, *The MacArthur Study Bible* [La Biblia de estudio MacArthur] (Nashville, Tennessee: Word Publishing, 1997), p. 1737.
6. Moody, *Notes from My Bible* [Apuntes de mi Biblia], p. 269.
7. William MacDonald, *Enjoying the Proverbs* [Deleitarse con Proverbios], cita de Larry Christenson (Kansas City, Kansas: Walterick Publishers, 1982), p. 126.

Capítulo 17: Necesito ayuda con... mi disciplina

1. Ambas citas de Thomas á Kempis, *The Imitation of Christ – Book 1* [La imitación de Cristo – Libro 1] (Macon, Georgia: Mercer University Press, 1989), p. 32.
2. Elisabeth Elliot, *The Shaping of a Christian Family* [Cómo edificar un hogar cristiano], cita de una fuente desconocida (Nashville: Thomas Nelson Publishers, 1991), pp. 95–96.

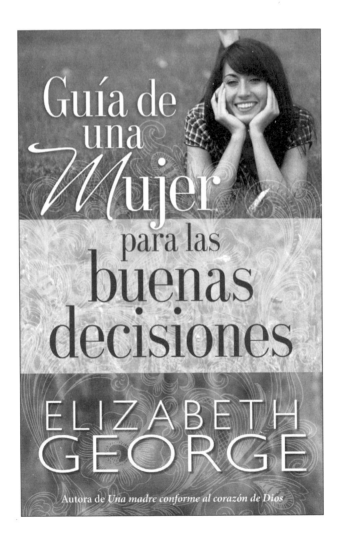

Guía de una Mujer para las buenas decisiones

ELIZABETH GEORGE

Autora de *Una madre conforme al corazón de Dios*

Cada 24 horas, las mujeres tienen que tomar cientos de decisiones. ¿Qué estrategias pueden utilizar para tomar las mejores decisiones en medio de los problemas y los retos cotidianos? ¿Cómo pueden aprovechar bien el tiempo y sentirse satisfechas con los resultados al final del día?

Después de hacerse estas mismas preguntas durante años, Elizabeth ha elaborado un proceso claro y práctico para tomar las mejores decisiones posibles.

Momentos de gracia para el corazón de la Mujer

ELIZABETH GEORGE

Autora de *Guía de una mujer para las buenas decisiones*

La popular autora Elizabeth George reúne las mejores ilustraciones y las historias más destacadas de la vida real de su serie de estudios bíblicos *Una mujer conforme al corazón de Dios* (700.000 ejemplares vendidos), y las presenta como lecturas devocionales, personales y sinceras, repletas de aliento y orientación.

Esta maravillosa recopilación de momentos con Dios infundirá en las mujeres la confianza de que Dios está velando por ellas y las cuidará en cualquier circunstancia.